꼭 알아야 하는 과학 지식

10대를 위한
만만한
물리의 세계

앤 루니 글 | 낸시 버터워스 그림 | 김아림 옮김 | 정광훈 감수

그린북

10대를 위한
만만한 물리의 세계

초판 1쇄 발행 2024년 3월 25일

글 앤 루니 **그림** 낸시 버터워스
옮김 김아림 **감수** 정광훈

펴낸곳 도서출판 그린북
펴낸이 윤상열
기획편집 최은영 김민정 **디자인** 공간42
마케팅 윤선미 **경영관리** 김미홍

출판등록 1995년 1월 4일(제10-1086호)
주소 서울시 마포구 방울내로11길 23 두영빌딩 302호
전화 02-323-8030~1 **팩스** 02-323-8797 **블로그** greenbook.kr
이메일 gbook01@naver.com

ISBN 978-89-5588-464-7 74400
ISBN 978-89-5588-463-0 (세트)

* 잘못된 책은 구입하신 곳에서 바꾸어 드립니다.

이 책의 전부 또는 일부를 이용하려면 저작권자와 그린북의
서면 동의를 받아야 합니다.

어린이제품안전특별법에 의한 표시
품명 어린이 도서 **제조국** 대한민국 **사용연령** 8세 이상
주의사항 책 모서리에 다치지 않도록 주의하세요.

멋진 물리의 세계에 온 것을 환영해요!

여러분은 우주가 한때 오렌지색이었다는 걸 알고 있었나요?
여러분이 그늘에 있을 때보다 햇빛에 있을 때 무게가 더 나간다는 사실은요?
또 구름이 제트기만큼 무거울 수 있다는 걸 알고 있나요?

드넓은 우주의 비밀에서 운동의 법칙을 비롯해 훨씬 더 다양한 이모저모까지, 이 책에는 신기하고 대단한 물리학 지식들이 가득해요. 여러분이 미처 생각하지 못 했던 깜짝 놀랄 만한 지식들을 특별히 골랐답니다(몇몇은 여러분을 낄낄 웃게 만들 테지만요).

여러분은 이 책에서 다른 친구들과 고민하고 토론할 만한 재미있는 사실들을 꽤 많이 발견할 거예요. 친구나 가족들에게 여러분의 과학 지식을 마음껏 뽐낼 수도 있어요! 그중 몇 가지는 꽤 쓸모도 있답니다. 여러분이 달에 가게 되었다거나 블랙홀을 만나게 되었을 때라면요.

이 책을 읽는 정해진 순서는 없어요. 맨 처음부터 시작해서 쭉 끝까지 읽어도 되고, 천천히 훑다가 제일 재미있어 보이는 곳부터 읽어도 괜찮아요. 여러분의 선택에 달렸답니다. 이 책에는 그림도 많이 들어가 있어요. 일부는 과학적 사실을 설명하기 위한 그림이지만, 대부분은 웃기고 재미난 것들이어서 깔깔 웃으면서 물리학을 배울 수 있을 거예요.

환상적인 물리학 지식과 만날 준비 되었나요? 자, 이 페이지를 넘겨 보세요!

차례 Contents

머리말 … 3

1. 제트기만큼 무거운 구름 … 6
2. 8분도 넘게 걸려서 지구에 도착하는 태양 빛 … 8
3. 번개가 치면 폭발하는 공기 … 10
4. 엄청나게 큰 별은 곧 폭발한다고? … 12
5. 태양, 나이 많은 별 … 13
6. 짧은 자로 엄청나게 큰 나무의 키를 재다 … 14
7. 감자 속에 전기가 있다고? … 16
8. 낮에도 있는 별들 … 18
9. 물 위에 뜨는 돌 … 20
10. 소리쳐도 들리지 않는 우주 공간 … 22
11. 소리가 반사된 메아리 … 24
12. 먼 옛날의 공룡을 볼 수 있는 외계인들 … 25
13. 꽁꽁 언 얼음이 배를 부순다 … 26
14. 축구장만 한 원자와 그 안의 꿀벌 같은 전자 … 28
15. 우리 몸의 대부분은 우주만큼 나이가 많다고? … 30
16. 별로 이루어진 우리 몸 … 31
17. 남극에서 보면 뒤집혀 보이는 달 … 32
18. 지구 반대편 반구에선 반대인 달의 위상 … 33
19. 눈사람을 제대로 만들 수 없는 스키장 … 34
20. 명왕성보다 긴 미국의 동서 길이 … 36
21. 흰색 빛 속에 숨은 무지개색 … 38
22. 지렛대가 충분히 길면 코끼리를 들어 올릴 수 있다 … 40
23. 1959년에서야 알려진 달의 뒷면 모습 … 42
24. 점과 점을 잇는 최단 거리, 곡선 … 44
25. 실제로는 그렇게 뜨겁지 않은 붉은색 물체 … 45
26. 평생 생일을 맞을 수 없는 곳, 해왕성 … 46
27. 그 자체가 거대한 자석, 지구 … 48
28. 눈으로 볼 수 있는 지구의 자기장 … 49
29. 물만으로도 잴 수 있는 물체의 무게 … 50
30. 지구상의 모든 사람들이 각설탕 하나에 들어갈 수 있다고? … 52
31. 욕조 물에 뜨는 토성 … 54
32. 분자가 움직이는 걸 볼 수 있다고? … 56
33. 아무리 밝아도 스스로 빛을 내지 않는 달 … 58
34. 열기로 풍선을 터뜨린다고? … 60
35. 우리와 다른 별을 봤을 공룡들 … 62
36. 물이 든 양동이를 거꾸로 뒤집어도 물이 쏟아지지 않는다고? … 64
37. 똑같은 속도로 떨어지는 깃털과 망치 … 66
38. 퇴비 더미처럼 열을 만들어 내는 태양 … 68
39. 태양 안에서 이동하는 데 수천 년이 걸리는 '햇빛' … 69
40. 은하계 나이로 고작 20살인 태양 … 70

41 우리 은하계가 다른 은하와 충돌한다고? … 71
42 점프하는 돌 … 72
43 지구의 모든 전자 기기를 1년 동안 돌릴 수 있는 햇빛 … 74
44 우리 몸을 스파게티처럼 늘리는 블랙홀 … 76
45 꿀 속에서는 헤엄칠 수 없다고? … 78
46 공중에 떠서 달리는 기차 … 80
47 얼음이 물에 뜨지 않았다면 우리도 여기 없었을 것이다 … 82
48 금성의 하늘은 오렌지색이라고? … 84
49 소리보다 빠른 비행기 … 86
50 우주의 대부분은 완전한 비밀에 싸여 있다 … 88
51 풍선으로 머리카락 세우기 … 90
52 지구에서 점점 멀어지는 달 … 92
53 지금보다 조금 더 컸던 공룡 시대의 달 … 93
54 자기 혼자 통통 튀는 용수철 … 94
55 초록색 태양 … 96
56 언젠가 태양이 지구를 삼킬 거라고? … 97
57 우리는 날씨를 예측할 수 없다 … 98
58 영원히 남는 달 표면의 발자국 … 100
59 언덕을 오르면 우리 몸에 에너지가 더 생긴다고? … 102
60 걷는 것보다 에너지를 더 적게 사용하는 자전거 타기 … 103

61 최초의 공기 부양선은 통조림 캔과 진공청소기로 만들어졌다고? … 104
62 지구에서 보는 지구의 지평선, 달에서 보는 달의 지평선 … 106
63 기우뚱하게 기울어진 지구 … 108
64 뻥 뚫려 있더라도 계속 밑으로 떨어질 수는 없는 지구 … 110
65 완벽한 구가 아닌 지구 … 111
66 노래로 유리잔을 깰 수 있다고? … 112
67 햇빛이 우주선을 민다고? … 114
68 햇빛 속에 있을 때 몸무게가 더 나간다 … 115
69 오렌지색이거나 붉은색이었던 한때의 우주 … 116
70 강철 공이 바다 밑바닥에 닿는 데 걸리는 시간 … 118
71 태양의 무게가 점점 줄어들고 있다고? … 120
72 달에 가면 몸무게가 덜 나간다 … 121
73 허리케인의 한가운데는 고요하다고? … 122
74 티스푼만 한 중성자별의 무게가 에베레스트산과 맞먹는다고? … 124
75 태양계에 숨겨진 행성이 더 있을지도 모른다고? … 126

용어 풀이 … 128
찾아보기 … 130

1 제트기만큼 무거운 구름

우리는 보통 구름이 솜털만큼 아주 가볍다고 생각해요. 하늘에 높이 떠 있기 때문이겠죠. 하지만 구름은 아주 많은 조그만 물방울들로 이루어져 있어요. 물은 공기보다 무겁고요. 그래서 구름도 어느 정도는 무게가 나간답니다.

구름은 어떻게 만들어질까?

공기 중에는 수증기가 많이 들어 있어요. 수증기란 기체 상태의 물이죠. 하지만 수증기가 눈에 보이지는 않아요. 공기를 이루는 다른 기체들과 마찬가지로요. 그러다가 공기가 차가워지면 이 수증기는 액체인 물로 응결해요. 그러면서 공기 중의 작은 먼지나 염분, 연기, 다른 작은 고체를 둘러싸며 물방울을 이루죠. 이렇게 작은 물방울이 많이 모이면 우리가 눈으로 볼 수 있어요. 그게 바로 구름이죠.

비가 되어 떨어지기

구름 속의 물방울은 작아서 아래에서 올라오는 공기나 주변의 공기에 붙들려 있어요. 하지만 물방울이 점점 커지면 중력이라는 힘이 물방울을 땅으로 끌어당겨요. 이게 바로 비예요! 물방울이 공기 중에 머무르기엔 너무 무거워져서 떨어진답니다.

그러다 날씨가 아주 추워지면 구름 속의 물방울은 얼어붙어요. 그 과정에서 서로 달라붙어 점점 크고 무거운 덩어리가 되죠. 이렇게 점점 무거워지면 공기 중에 머무를 수 없어 떨어져요. 이걸 눈이라고 하죠.

알고 있나요?
가끔은 구름이 갑자기 무너져 내리기도 해요. 그러면 구름 속의 물이 전부 한꺼번에 쏟아져서 '집중 호우'를 일으키죠.

우리가 느끼지 못하는 비
몇몇 장소에서는 빗방울이 땅에 떨어지기도 전에 증발해 없어지기도 한답니다. 하늘에서 비가 내리기는 하는데 땅에 닿지 않는 거예요. 마치 유령 같죠.

2 8분도 넘게 걸려서 지구에 도착하는 태양 빛

태양은 우리 지구에서 1억 5,000만 km나 떨어져 있어요. 그래서 태양의 빛이 우주 공간을 지나 지구에 도착하기까지는 8분하고도 20초가 걸린답니다.

빛은 이동 속도가 아주 빨라요. 하지만 태양에서 나온 빛이 지구까지 오려면 아주 먼 거리를 지나야 하죠. 그러니 만약 태양이 폭발한다고 해도, 우리는 8분쯤 지나서야 그 사실을 알 수 있을 거예요! (하지만 그런 일은 일어날 수 없으니 안심해요!)

아주 먼 거리를 측정하는 법

빛을 비롯해 전파와 마이크로파 같은 전자기 복사는 우주 공간을 따라 이동하는 속도가 1초에 30만 km 정도랍니다. 그런데 우주의 여러 천체는 지구에서 아주 멀리 떨어져 있어요. 그래서 여러분이 지구에서 어떤 물체를 바라보면 마음먹은 대로 즉각 볼 수 있지만, 우주에 있는 천체를 보려면 거기서 나온 빛이 지구까지 오는 데도 상당한 시간이 걸리죠. 천문학자들은 우주에 있는 먼 천체까지의 거리를 '광년'이란 단위로 측정해요. 빛이 1년 동안 이동하는 거리인 1광년은 약 9조 km예요. 지구에서 태양 다음으로 가장 가까운 별은 4.2광년 떨어져 있답니다. 그건 이 별에서 오는 빛이 우리에게 오기까지 4.2년이 걸린다는 뜻이에요.

알고 있나요?

사실 빛보다 빠르게 움직일 수 있는 건 존재하지 않는답니다. 그러니 빛의 속도는 우주 전체를 통틀어 정해진 제한 속도와도 같은 셈이에요.

외계인이 우리 라디오를?

빛 말고 다른 전자기파 역시 빛과 같은 속도로 이동해요. 그러니 지구인이 100년쯤 전에 지구에서 송출했던 라디오나 텔레비전 방송을 100광년쯤 떨어진 곳의 외계인들이 들을 수도 있어요. 적당한 장비만 갖추고 있다면요.

3 번개가 치면 폭발하는 공기

번개는 먹구름에서 나온 엄청난 양의 전류를 지면으로 이동시켜요. 그 과정에서 전기가 공기 중을 지나며 공기를 뜨겁게 덥히죠. 이때 주변 공기의 온도가 무척 높아져서 사실상 공기가 폭발하게 돼요. 그러면서 우르릉 쾅쾅 하는 요란한 천둥소리가 들리는 거랍니다.

음전하와 양전하

전기는 음의 전하를 가진 작은 입자로 흘러요. 이 입자를 전자라고 하죠. 여러분이 전지를 이용해 회로를 만들면, 전자가 전지의 음극에서 양극으로 회로를 따라 흐른답니다. 같은 전하는 서로 밀어내기 때문에 음전하는 다른 음전하로부터 멀어지려고 해요. 반면에 다른 종류의 전하는 서로 이끌리죠.

공중에서 땅으로

먹구름의 맨 아래쪽에는 강한 음전하가 쌓여요. 같은 전하끼리는 서로 밀어내기 때문에 이 음전하는 밀려나서 구름 아래쪽에 모이죠. 그러면 지면에는 양전하들이 생겨요. 이제 구름 속에 있던 음전하를 띤 전자들은 지면에 모인 양전하에 이끌려요.

구름 속의 약간의 음전하가 지면을 향해 약 50m씩 한 걸음 한 걸음 다가가며 번개가 생겨나기 시작해요. 각각의 단계는 100만분의 1초보다 적게 걸리죠. 그러다 음전하가 지면에 가까워지면 지면에 있던 양전하가 점프해서 음전하에 닿게 되고, 하나의 통로가 완성돼요.

이제 구름은 음전하를 쏟아 내기 시작하죠. 그러면 주변 공기가 매우 빠르게 뜨거워져서 빠른 속도로 팽창해요. 그리고 번쩍이는 빛과 함께 폭발을 일으키죠. 이 폭발로 공기가 팽창하면서 나는 소리가 우리가 듣는 천둥이랍니다.

4 엄청나게 큰 별은 곧 폭발한다고?

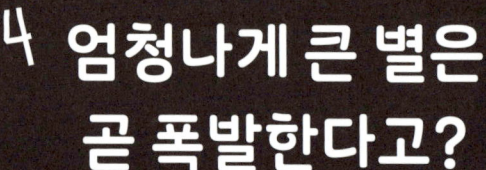

베텔게우스라는 별은 앞으로 수십만 년 안에 스스로 대폭발을 일으켜 초신성이 될 가능성이 크답니다.

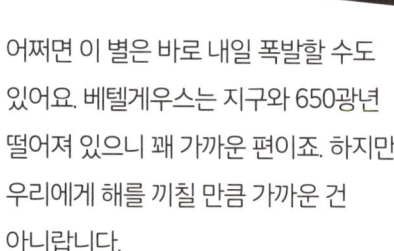

어쩌면 이 별은 바로 내일 폭발할 수도 있어요. 베텔게우스는 지구와 650광년 떨어져 있으니 꽤 가까운 편이죠. 하지만 우리에게 해를 끼칠 만큼 가까운 건 아니랍니다.

별의 핵융합

모든 별은 평생 수소를 압축시켜 헬륨을 만들어요. 이때 열과 빛, 엑스선, 마이크로파를 비롯한 다른 복사선의 형태로 에너지를 내보내죠. 이 과정을 '핵융합'이라고 해요. 별들이 빛과 열을 만들어 내는 건 핵융합 때문이죠. 그러다 수소가 다 떨어지면 별은 헬륨을 보다 큰 원자로 융합해요. 그렇게 점점 큰 원자가 되면서 철도 만들어지죠. 일단 철이 만들어지면 별은 이 과정을 멈춰요. 이 원자를 융합해 다른 원자로 만드는 데는 에너지가 너무 많이 필요하기 때문이에요.

붕괴하는 별

별들이 정상적으로 작동할 때에는 안정적이에요. 밖으로 흘러 나가는 에너지의 압력이 안으로 끌어당기는 중력과 균형을 이루죠. 하지만 별에서 아무것도 흘러 나가지 않게 되면, 중력이 더 세져서 별의 다른 모든 부분을 한가운데로 끌어당겨요. 그러면 별은 폭발해서 그 조각이 우주 공간으로 터져 나오죠. 폭발 뒤에는 빛나는 기체와 먼지구름이 남아서 점점 커져요. 이 구름은 수천 년 뒤에도 볼 수 있죠.

5 태양, 나이 많은 별

태양은 지금까지 46억 년 동안 환하게 빛났어요. 그리고 앞으로 50억 년 동안은 계속 빛을 낼 만큼 수소 연료가 충분하죠. 그러니 지금 당장은 걱정하지 않아도 돼요.

별이 크면 클수록 남아 있는 수명은 짧아요. 태양 같은 중간 크기의 별들은 수십억 년 넘게 살아가죠. 반면에 그보다 작은 적색 왜성은 수명이 훨씬 길어서 수조 년까지 이어질 수 있어요. 우주 자체가 그렇게 오래되지 않아서 아직 수명을 다한 적색 왜성이 없을 정도죠. 하나 덧붙이자면 우리 태양은 폭발을 일으킬 만큼 크기가 크지는 않답니다.

6 짧은 자로 엄청나게 큰 나무의 키를 재다

햇빛만 있으면 여러분은 그림자의 길이를 통해
큰 나무나 건물의 높이를 잴 수 있어요.

우리는 얼마나 클까?

밖에 나와 있다 보면, 여러분의 그림자가 변한다는 걸 알 수 있어요. 태양이 머리 바로 위에 오는 한낮에는 그림자의 길이가 짧죠. 하지만 태양이 하늘에 낮게 걸리는 이른 아침이나 저녁에는 그림자가 그보다 길어져요. 여러분 주변의 다른 사물들도 마찬가지랍니다. 다시 말해, 여러분의 키와 그림자의 비율은 낮 동안 변화해요. 그리고 이 비율은 그 시간에 그림자를 드리우는 모든 물체에서 일정하죠. 즉 여러분의 그림자가 여러분 키의 절반이라면, 나무의 그림자 길이도 실제 나무 키의 절반이에요. 언제든 여러분의 그림자 길이를 재면, 그림자와 여러분의 키가 이루는 비율을 알 수 있어요. 그러면 이제 어떤 나무의 그림자 길이를 잰 다음 그 비율을 활용해 나무의 키를 알아낼 수 있답니다.

햇살의 각도

어떤 물체가 갖는 그림자의 길이는 햇살이 그 물체에 떨어지는 각도에 따라 달라져요. 태양이 바로 머리 위에 있다면 햇살과 지면 사이의 각도는 크죠. 반대로 태양이 비스듬하게 낮게 걸렸다면 이 각도는 작아져요. 이렇게 태양과 여러분 사이의 각도가 달라지는 건 지구가 자전하기 때문이에요.

7 감자 속에 전기가 있다고?

여러분은 감자에서 전기를 얻을 수 있어요!

감자 2개와 아연을 씌운 못 2개, 구리 선이 있으면
감자를 전지처럼 이용해서 전류를 일으킬 수 있답니다.

감자 전지를 만들자

전지는 화학 반응을 통해 전기를 일으켜요. 전지의 한쪽 극에서 나온 전자가 다른 쪽 극으로 이동하는 과정에서 전류가 만들어지죠.
감자 한쪽 끝에 아연이 씌워진 못을 꽂고 다른 한쪽 끝에는 구리 선을 꽂아요. 그러면 감자 속의 산이 아연을 공격해 전자를 내보내고, 이 전자가 구리 선 쪽으로 이동하죠.
이제 이렇게 만든 감자 2개를 그림처럼 연결해요. 한쪽 감자의 못과 다른 감자의 구리 선을 전선으로 연결하고, 반대쪽 극에 작은 시계나 저전압 전구를 달아요.
그러면 감자에서 나온 전기를 사용할 수 있게 됩니다.

양극이 뭘까?

감자 속 산이 화학 반응을 일으켜 아연에서 전자가 자유롭게 풀려나오죠. 이때 아연은 전기 회로에서 전자를 제공하는 음극 역할을 해요. 그리고 전자는 회로에서 양극 역할을 하는 구리 선으로 흘러가죠. 전자는 감자와 전구 또는 시계 사이로 연결선을 통해 이동해요. 감자는 여기서 전지 역할을 한답니다. 어떤 화학 반응의 에너지를 전기로 바꾸는 역할이죠.

수명이 짧은 전지

하지만 감자 전지는 영원하지 않아요. 감자 속에는 전기를 만드는 데 필요한 전해질이라는 화학 물질이 많이 들어 있지 않기 때문이에요.

8 낮에도 있는 별들

밤에는 별과 달이 보이고, 낮에는 태양이 보이죠 (가끔은 달도 보이지만요). 하지만 낮에 별들이 다 어디 가 버린 건 아니에요. 여전히 제자리에 있답니다. 다만 태양에서 나오는 빛이 너무 밝기 때문에 별을 볼 수 없을 뿐이죠.

별이 가득한 하늘

지구가 축을 따라 자전할 때, 여러분이 서 있는 지점은 태양을 마주하기도 하고 어둠 속으로 빠져들기도 해요. 태양을 마주할 때를 낮이라 하고 태양에서 멀어져 마주 보지 않을 때를 밤이라고 하죠. 그리고 별들은 지구를 빙 둘러싸고 있어서 여러분은 항상 별들을 마주하게 돼요. 비록 눈에 보이지 않는다고 하더라도요. 지구가 1년에 걸쳐 태양의 주위를 도는 동안 여러분이 서 있는 지구의 한 지점은 계속 하늘의 다른 부분을 마주하게 돼요. 여름과 겨울에 밤하늘에 보이는 별이 다르다거나, 같은 별이 시간이 지나면서 하늘의 다른 지점에서 관찰되는 건 바로 이런 이유 때문이죠.

태양은 너무 밝아

지구에서 여러분이 서 있는 지점이 태양을 마주할 때면 태양이 엄청나게 밝기 때문에 여러분은 다른 별들을 볼 수 없어요. 태양은 하늘 전체를 환히 비추고 별빛을 전부 집어삼키죠. 하지만 가끔은 낮에도 별을 엿볼 수 있어요. 바로 달이 지구와 태양의 사이를 지나며 태양을 가리는 개기 일식이 일어날 때죠. 그러면 달의 그림자가 생긴 지역에서는 달이 태양을 가려서 한낮에도 어두침침해져요. 그러면 낮이지만 몇 분 동안 잠시 별을 볼 수 있답니다!

9 물 위에 뜨는 돌

공기 방울이 가득해서 마치 스펀지 같은 부석이라는 암석이 있어요. 화산에서 나온 녹은 용암이 굳어서 만들어진 암석이에요. 이 암석은 안에 공기 방울이 많아서 물보다 밀도가 낮답니다. 그래서 물에 뜨죠.

부석은 어떻게 생길까?

화산이 폭발하면 델 정도로 뜨거운 녹은 암석(용암)과 아주 많은 기체가 지구 깊은 곳에서 뿜어져 나와요. 이 기체가 녹은 암석에 잘 섞여 들어가면 폭발력이 엄청나게 커져서 대단한 기세로 공중으로 솟구치죠. 일단 공기 중으로 나온 녹은 암석은 빠르게 차가워져서 굳어요. 하지만 그 속에는 여전히 공기 방울이 가득해서 스펀지처럼 보이죠.

가라앉을까, 뜰까?

뭔가가 뜨거나 가라앉는 데는 밀도가 중요한 역할을 해요. 밀도란 부피가 고정된 어떤 물질의 질량을 말해요. 가로, 세로, 높이가 1cm인 정육면체 모양의 물(부피가 1cm³인)의 질량은 1g이죠. 만약 어떤 물질의 밀도가 물보다 낮다면, 그 물질은 부피 1cm³의 질량이 1g보다 작고, 물 위에 떠요. 반대로 어떤 물질의 밀도가 물보다 높다면 그 물질은 부피 1cm³의 질량이 1g보다 커서 물에 가라앉죠. 예를 들어 나무는 물보다 밀도가 낮아서 물 위에 떠요. 금속은 물보다 밀도가 높아서 물에 가라앉고요. 부석은 어떨까요? 부석은 물보다 밀도가 높은 암석으로 이뤄졌지만, 공기를 비롯한 다른 기체로 채워진 구멍이 아주 많답니다. 공기는 물보다 밀도가 낮고요. 그래서 전체적으로 부석은 물보다 밀도가 낮아져서 물에 뜬답니다. 바다 근처에서 화산이 폭발하고 나면 바닷물 위에 수많은 부석 덩어리들이 둥둥 떠 있곤 해요.

10 소리쳐도 들리지 않는 우주 공간

소리는 파동을 통해 이동하지만 원자 속에서는 진동을 통해 전달돼요. 그건 소리가 전해지려면 공기나 물 같은 매개체에 실려야 한다는 뜻이죠. 우주 공간에선 공기가 없어서 진동할 것도, 소리 실어 나를 것도 없죠. 어떤 일이 벌어져도 정말 으스스할 만큼 조용해요.

흔들리는 소리

소리는 무언가 진동해 주변의 공기 분자가 떨리는 과정에서 만들어져요. 여러분이 북을 치면 북의 가죽이 진동하고, 가장 가까운 공기 분자들이 떨리죠. 이 떨림은 그다음 가까운 분자에 전달되며, 이런 식으로 점차 파동 속에서 퍼져 나가요.

알고 있나요?

지금으로부터 약 138억 년 전에 우주를 처음 형성했던 빅뱅은 사실 조용했어요. 정확히 어떤 모습이었을지는 모르지만, 최소한 소리가 나지 않았다는 건 확실하죠. 소리 에너지를 전달할 매개체가 없었으니까요.

우리는 어떻게 들을까?

여러분이 소리를 듣는 건 진동하는 공기 분자가 여러분 귓속의 분자들을 진동시키기 때문이에요. 이 진동은 여러분의 귓속 여러 부위로 전달되어 마침내 뇌에 전달되는 신호로 바뀌죠. 뇌에서 그 소리를 해석하고요. 하지만 만약 여러분이 우주 공간에 있다면 소리를 만들어 낼 매개체가 없어요. 그래서 여러분 자신의 몸속에서 나는 소리를 제외하면 어떤 소리도 들리지 않죠. 심지어 별이 폭발해 초신성이 되는 것처럼 정말 요란한 소리가 들릴 것 같은 사건이 생겨도 실제로는 소리가 전혀 들리지 않아요.

11 소리가 반사된 메아리

여러분은 동굴이나 터널 안에 서서 크게 소리쳐 본 적이 있나요? 메아리를 통해 여러분의 목소리가 다시 들릴 거예요. 여러분의 목소리가 마치 반사하듯 벽에서 튕겨 나와 여러분에게 다시 돌아가기 때문이에요.

반사되는 빛과 소리

거울 속을 들여다보면 여러분의 상이 바로 앞에 보이죠. 조금도 기다릴 필요가 없어요. 하지만 소리는 이동 속도가 빛보다 조금 느려요. 그래서 소리가 반사되어 메아리가 들리기까지는 살짝 시간이 걸려요.

구불구불 파동

소리는 파동을 통해 이동해요. 매개체의 진동에 실려서 퍼져 나가죠. 공기 중에서 이 진동은 초속 343m의 속도로 이동해요. 그러다가 벽돌이나 바위 절벽 같은 단단한 표면에 도달하면 이 진동은 다시 튕겨 나가죠. 튕겨 나간 이후에도 같은 패턴을 유지하기 때문에 소리는 변하지 않아요. 만약 여러분이 단단한 표면으로 둘러싸여 있다면 어떻게 될까요? 튕겨 나온 메아리가 다시 반사되기 때문에 소리가 여러 번 울려 퍼진답니다.

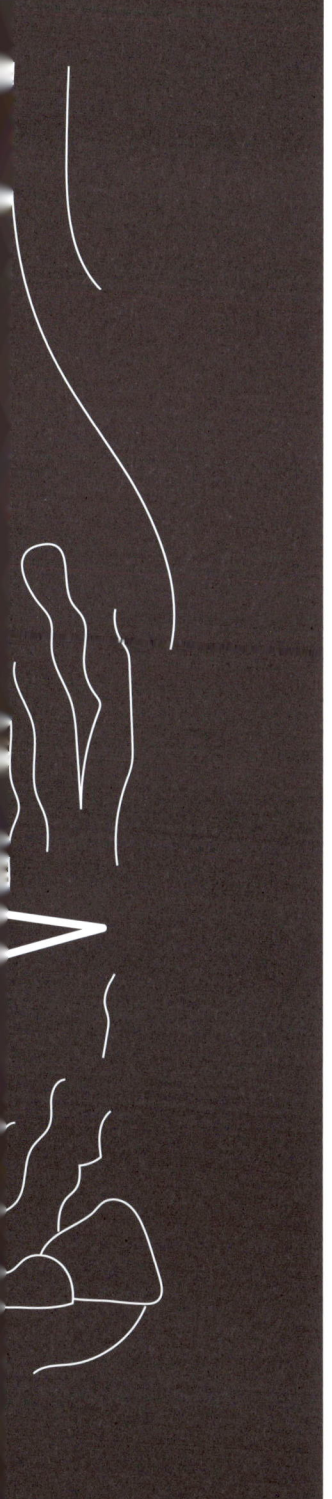

12 먼 옛날의 공룡을 볼 수 있는 외계인들

지구에서 6,600만 광년 떨어진 행성에 사는 외계인이라면 지금으로부터 6,600만 년 전 우리 태양계가 남긴 빛을 볼 수 있어요. 그러니 이 외계인이 지구의 표면까지 자세히 들여다볼 만큼 성능 좋은 망원경을 가졌다면, 먼 옛날의 공룡을 볼 수 있을 거예요!

이와 비슷하게 여러분이 멀리 떨어진 별을 관찰할 때, 여러분은 수천 년 전 그곳의 빛을 보는 셈이에요. 그러니 별을 보는 건 먼 과거를 들여다보는 일과 같아요. 외계인들이 태양이나 지구를 바라볼 때도 이와 같죠.

13 꽁꽁 언 얼음이 배를 부순다

만약 배가 바다를 지나다가 물이 얼어붙는 곳에서 멈춘다면 얼음이 얼면서 배를 부술 수 있어요. 1915년에 탐험가 어니스트 섀클턴이 남극을 탐험할 때 인듀어런스호에 이런 일이 일어났죠. 다행히도 배에 탄 사람들은 극한 상황 속에서도 인내로 버틴 끝에 모두 생존했어요.

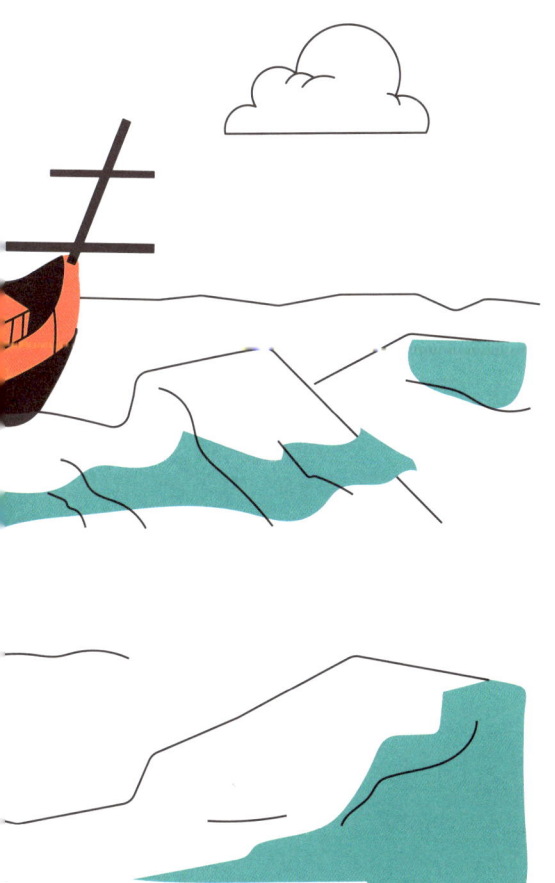

팽창하는 얼음

대부분의 물질은 액체에서 고체로 변하면서 부피가 줄어들어요. 하지만 물은 특이하게도 고체가 되면서 팽창하여 더 많은 공간을 차지한답니다. 얼음이 물 위에 뜨는 건 이런 이유에서죠. 얼음이 물보다 밀도가 낮거든요. 같은 질량이라도 부피가 더 크다는 뜻이죠. 음료수에 얼음을 동동 띄울 수 있다는 얘기니 좋지만 한편으로는 나쁜 점도 있어요. 빙하가 가득한 바다를 나무배로 항해한다면 말이에요.

탁 트인 바다를 항해하는 중인데 그곳이 얼음으로 둘러싸였고 기온이 점점 떨어진다면 어떤 일이 생길까요? 얼음이 점점 더 많이 얼어붙어 배를 향해 다가올 거예요. 하지만 얼음은 물보다 공간을 많이 차지하기 때문에 단순히 배의 가장자리까지 얼음이 얼었다가 멈추는 정도로 일이 끝나지 않아요. 얼음이 부피가 커지면서 배가 차지하던 공간을 차지하게 되죠. 물이라면 물체를 둘러싸고 흐르겠지만 얼음은 그렇지 않아요. 가장자리로 얼음덩어리가 쌓이면서 배가 있었던 공간에 슬금슬금 얼음이 다가와 엄청난 힘으로 배를 천천히 부숴요. 얼음 자체는 움직이지 않지만, 점점 커지고 있죠. 배는 느리고 차가운 죽음을 맞이하는 셈이에요.

14 축구장만 한 원자와 그 안의 꿀벌 같은 전자

원자란 금이나 산소와 같은 화학 원소의 가장 작은 구성 입자예요. 각각의 원자는 가운데에 하나의 핵을 가지고 있고, 전자들이 마치 구름처럼 주변을 돌아다닌답니다.

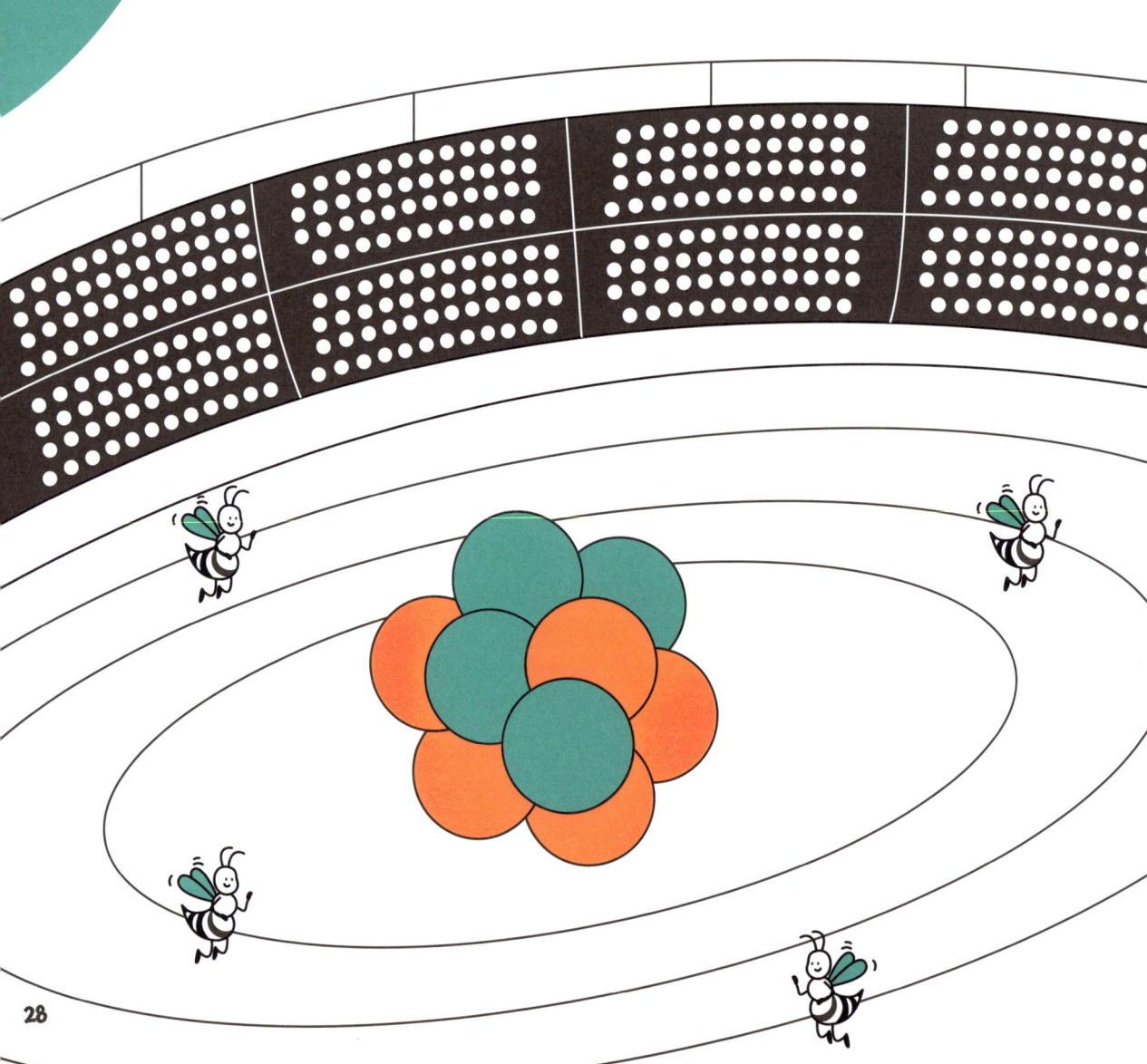

원자 안에는 뭐가 있을까?

원자는 세 가지 종류의 입자로 이루어져 있어요. 바로 핵 속의 중성자와 양성자, 그리고 그 바깥쪽에 있는 전자들이죠. 전자들은 핵 근처에 머물기는 하지만 아주 가까이 다가가지는 못해요.

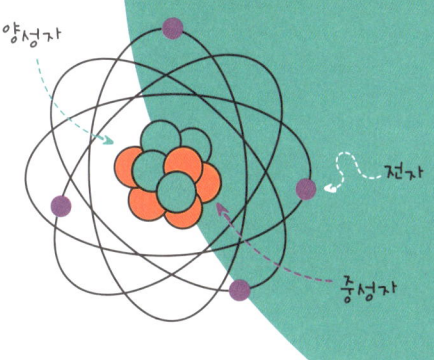

궤도를 이루기

원자는 여러 층을 가진 양파를 닮았어요. 이 각각의 층을 궤도라고 하는데 이들 궤도에는 정해진 숫자의 전자가 있죠. 전자가 많아지면 더 많은 층이 생겨요. 그래서 전자가 79개인 금처럼 전자가 많은 원자는 전자가 겨우 6개인 탄소에 비해 크기가 커요.

작은 핵, 멀리 퍼지는 전자

원자 전체에서 핵은 그 폭이 1만분의 1에 불과하지만 거의 모든 질량을 차지해요. 반면에 전자는 원자 전체의 질량에서 얼마 되지 않아요. 핵은 전자보다 약 3,600배는 더 무겁죠. 그런데 원자 전체의 크기는 핵 주변을 돌아다니는 전자들이 차지하는 공간에 의해 좌우돼요. 전자는 꽤 멀리까지 갈 수 있어요. 예를 들어, 만약 어떤 평균적인 원자의 핵이 사과 크기라면, 이 원자의 전자는 약 2km 떨어진 곳까지도 퍼질 수 있답니다.

15 우리 몸의 대부분은 우주만큼 나이가 많다고?

여러분의 몸은 수많은 서로 다른 화학 물질로 이루어져 있어요. 그리고 이 화학 물질들은 대부분 얼마 안 되는 원소들로 구성되어 있죠. 바로 수소, 탄소, 산소, 질소, 인, 황이에요. 이 원소들이 여러분의 몸에서 99%를 차지해요.

이 중 수소 원자의 핵은 이 우주가 빅뱅으로부터 처음 탄생한 지 몇 분 지나지 않아 만들어졌어요.

재활용되는 우리 몸

여러분의 몸을 이루는 여러 화학 물질 가운데는 수소가 들어 있는 것들이 많아요. 예를 들어 물, 지방, 탄수화물, 그리고 유전 정보를 실어 나르는 DNA가 그렇죠. 이 수소 원자들 하나하나는 여러분에게 오기까지 대단한 여정을 거쳤어요. 먼저 우주 공간에서 이리저리 빙글빙글 돌던 원자는 잠깐 별 속으로 들어갔을 거예요. 그러다가 45억 5,000만 년 전 점점 성장하는 지구에 슬쩍 들어와 바위, 바다, 구름, 공룡, 심해 동물, 식물 등 수많은 유기체의 몸속을 거쳐 여러분의 몸에 들어왔어요. 하지만 이 수소 원자들은 다시 재활용되어 다른 곳으로 떠날 예정이랍니다.

16 별로 이루어진 우리 몸

여러분의 몸을 이루는 나머지 원자들은 한때 별에서 만들어진 것들이에요. 별들이 죽어 가면서 최후의 폭발을 일으켜 초신성이 되는 과정에서 만들어졌죠. 별 내부에서 수소 원자가 뭉쳐져 헬륨이 되고, 이 헬륨이 뭉쳐져 더 큰 원자가 되는 식이에요. 별이 완전히 죽으면 그 속의 모든 원자가 우주 공간으로 쏟아져 나와요. 그 후에는 새로 만들어지는 별이나 행성으로 쓸려 가곤 하죠. 그 결과, 이러한 원자들이 결국 바위, 식물, 사람과 같은 다양한 형태를 이루는 물질의 입자가 돼요.

17 남극에서 보면 뒤집혀 보이는 달

만약 여러분이 남반구에 산다면, 북극에 갔을 때 달이 거꾸로 보일 거예요. 지금 여러분이 보는 달의 모양과는 상관없이, 지구 반대편으로 가면 달이 뒤집힌 것처럼 보여요.

여러분이 뒤집힌 거예요!

달은 자신의 위와 아래를 잇는 가상의 선인 자전축을 중심으로 회전해요. 달이 혼자서 위아래로 몸을 뒤집는 건 아니랍니다. 그리고 달이 어떻게 보이는지는 여러분이 지구의 어디에서 관찰하느냐에 따라 달라요. 북극에선 아래와 같아요.

그리고 남극에서 바라보면, 달은 이런 모습이겠죠. 북극에서 바라볼 때와 비교하면, 여러분의 몸의 위치가 위아래로 뒤집혔으니까요.

남극과 북극 사이라면?

하지만 대부분의 사람들은 남극이나 북극에 서서 달을 바라보지는 못해요. 대신 두 극 사이에 있죠. 그래서 이들에게 달은 약간 기울어져 보여요. 그리고 여러분이 적도에 서 있다면, 달은 남극이나 북극에서 볼 때의 모습에서 90도 돌아간 모습으로 보일 거예요.

18 지구 반대편 반구에선 반대인 달의 위상

만약 여러분이 북반구에 산다면, 초승달은 달의 오른쪽 면에 곡선이 있는 모양으로 보여요. 하지만 반대로 남반구라면 왼쪽 면에 곡선이 있는 모양이죠. 달의 위상이 반대로 바뀌는 거예요. 그리고 여러분이 적도에 있다면 그림처럼 둥그스름한 곡선이 바닥에 깔린 모양일 거예요. 이번에도 역시 달이 문제가 아니랍니다. 여러분의 위치가 문제죠!

19 눈사람을 제대로 만들 수 없는 스키장

어떤 눈은 눈싸움하거나 눈사람을 만들기에 좋아요. 그리고 또 어떤 눈은 스키나 썰매를 타기에 좋죠. 각각 장점이 있지만, 어느 한 가지에 좋은 눈이 다른 한 가지에도 좋지는 않아요.

크기와 건조함

눈은 '축축할' 수도 있고 '건조할' 수도 있어요. 축축한 눈은 눈송이가 커서 눈 층이 두껍게 빨리 쌓여요. 커다란 눈송이는 0에서 2℃ 사이의 살짝 따뜻한 공기에서 만들어지죠. 그러면 작은 눈 결정의 가장자리가 녹아서 서로 들러붙기 때문에 작은 눈송이가 뭉쳐져서 큰 눈송이가 돼요. 이렇게 눈에 축축한 성질이 있으면 눈이 서로 잘 달라붙어서 눈사람을 만들기 좋아요.

하지만 이런 작은 눈송이가 더욱 차가운 온도에서 떨어지면, 가장자리가 녹지도 서로 들러붙지도 않아요. 그러면 가루눈이 되어 떨어지죠. 기온이 물의 어는점인 0℃ 아래를 유지하면, 이 눈은 지면에 얼어붙은 상태로 머물러요. 그러면 여러 겨울 스포츠를 즐기기에 좋죠.

느리고 꾸준히 내리는 눈

눈송이는 그 크기와 주변 조건에 따라 시속 1.6에서 6.4km의 속도로 내려요. 평균적인 속도는 대략 시속 2.4km죠. 그 말은 눈송이가 구름에서 지면으로 떨어지기까지 약 1시간이 걸린다는 뜻이랍니다.

정말 다 다를까?

모든 눈송이는 각자 다 모양이 다르다는 말이 있죠. 이 말이 진짜인지 확실하게 증명하기는 어려워요. 하지만 눈송이가 만들어지는 방식을 생각해 보면 각각의 눈송이가 서로 다른 모양을 가질 가능성이 높다는 건 알 수 있죠. 작은 결정들이 들러붙어 눈송이가 되니까요.

20 명왕성보다 긴 미국의 동서 길이

왜소 행성인 명왕성은 사실 아주 작아요. 지름이 미국 땅 동서 폭의 절반을 조금 넘을 정도죠. 명왕성의 겉넓이는 미국의 면적보다 넓기는 하지만 명왕성은 1,770만 km²이고 미국은 980만 km²여서 2배가 좀 안 된답니다.

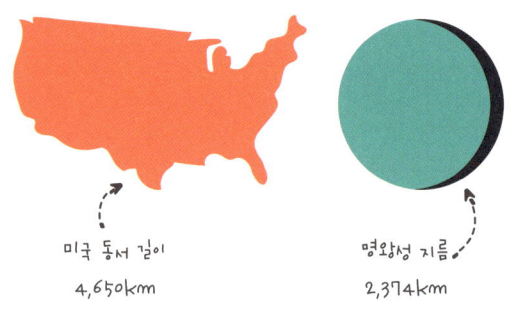

미국 동서 길이
4,650km

명왕성 지름
2,374km

한때는 행성이었지만…

명왕성은 한때 행성으로 분류되었지만 2006년에 행성의 자격을 잃고 '왜소 행성'이 되었어요. 한때는 태양계의 여러 행성 가운데 가장 작은 구성원이었지만, 국제 천문 연맹이 행성을 분류하는 새로운 기준을 세우면서 명왕성은 그 자격을 얻지 못하게 되었죠.

행성은
- 태양 주위를 돌아야 하며,
- 둥글거나 거의 둥근 모습이어야 하고,
- 공전 궤도에서 지배적인 역할을 하는 천체여야 한다.

명왕성은 마지막 조건을 충족시키지 못했어요. 명왕성은 다른 많은 천체와 함께 '카이퍼 띠'라는 영역을 이뤄요. 여기서 다른 여러 천체가 명왕성과 공전 궤도를 공유하죠. 그래서 명왕성은 더는 행성이라고 볼 수 없게 되었어요.

행성이 되기 위한 조건

행성이 되기 위한 자격은 중력과 관련이 깊어요. 중력은 태양 주변의 궤도를 돌도록 행성을 붙들죠. 그리고 행성 자체의 중력은 자기 자신의 표면과 내부의 모든 물질을 끌어당겨서 행성이 둥근 모양을 유지하게 해요. 행성의 질량이 충분히 크고 그래서 중력도 충분하다면 가능한 일이랍니다. 그러면 자기가 나아가는 공전 궤도를 가로막는 조그만 부스러기들을 중력으로 끌어당겨 흡수해 정리할 수도 있어요. 하지만 질량과 중력이 충분하지 않다면 이 모든 것들이 불가능해요. '행성'이라는 자격도 얻을 수 없죠.

21 흰색 빛 속에 숨은 무지개색

빗방울 사이로 햇살이 비칠 때면 가끔 무지개를 볼 수 있어요. 빨간색부터 보라색까지 여러 색깔이 펼쳐지죠. 이 다채로운 무지개의 색깔들은 전부 햇살 안에 숨겨져 있답니다.

흰색 빛은 다양한 색의 빛이 섞여서 만들어져요. 그래서 그것들을 따로 분리할 수도 있죠. 프리즘이라는 유리 조각을 사용하거나, 무지개가 뜰 때를 기다리면 돼요. 빛이 공기 중에서 유리나 물방울 같은 서로 다른 물질 사이로 이동할 때면 굴절이 일어나기 때문이에요. 빛의 경로가 살짝 구부러지는 현상이죠. 서로 다른 색의 빛은 굴절하는 정도가 다 달라서 흰색 빛에서 여러 색깔로 나뉘며 죽 펼쳐져 스펙트럼을 이룬답니다.

무지개는 어떻게 만들어질까?

태양 빛이 빗방울에 들어가면 굴절이 일어나요. 빗방울 안쪽 표면에서 여러 색깔의 빛이 반사되었다가, 빗방울에서 나오면서 또다시 굴절되죠. 그 과정에서 여러 색깔이 펼쳐지며 무지개가 만들어져요.

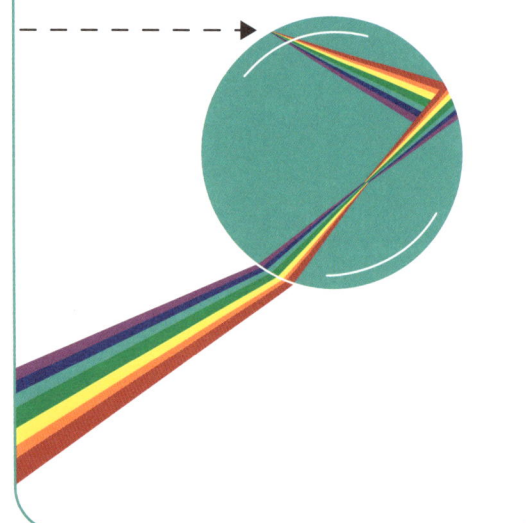

알고 있나요?
태양이 여러분의 등 뒤에 있을 때만 무지개를 볼 수 있답니다.

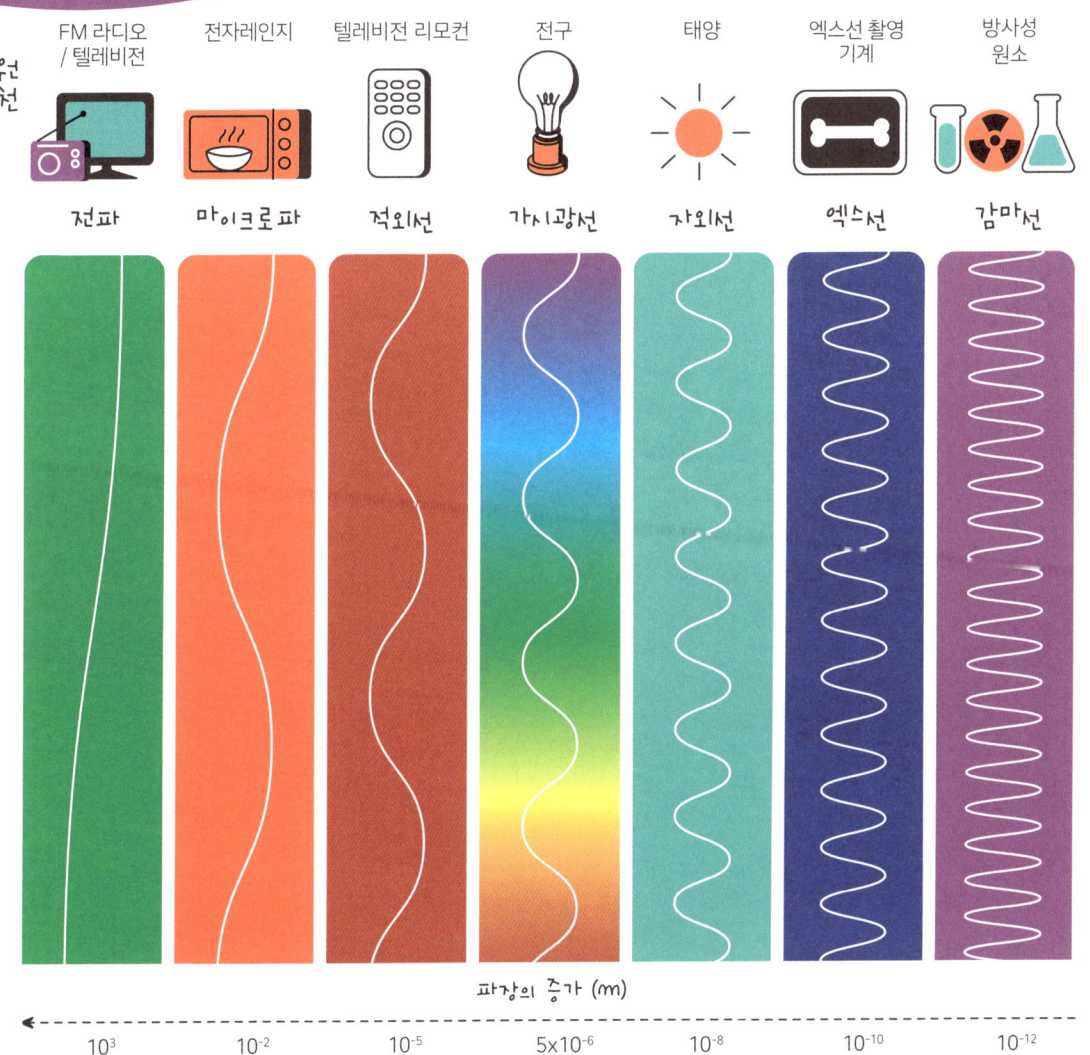

다양한 종류의 전자기파

우리 눈에 보이는 가시광선은 여러 파동이 존재하는 '전자기 스펙트럼'이라는 전체의 일부분이에요. 파동의 길이(파장)는 에너지가 어떻게 행동하는지를 결정하죠. 예를 들어 파장이 길면 전파가 돼요. 우리는 이 파동을 전기 통신에 활용해요. 라디오와 텔레비전, 휴대 전화의 신호를 전달하는 게 바로 전파죠. 여기서 파장이 조금 짧아지면 우리가 음식을 데우는 데 사용하는 마이크로파가 돼요. 파장이 더 짧아지면 파장에 따라 각각 다른 색을 내는 가시광선이 되죠. 파장이 더 짧아지면 엑스선이 되는데, 병원에서 우리 몸속을 들여다보거나 공항에서 가방 속을 검사하는 데 사용하는 전자기파예요. 파장이 가장 짧은 전자기파는 감마선인데, 위험한 방사선이랍니다.

22 지렛대가 충분히 길면 코끼리를 들어 올릴 수 있다

코끼리는 무척 무거운데 어떻게 그럴 수 있냐고요? 물론 여러분의 팔 힘만으로 들어 올릴 수는 없어요. 하지만 여러분에게 지렛대가 있다면, 슈퍼파워가 생긴답니다!

지렛대
이 간단한 기계 장치는 두 부분으로 이루어졌어요. 긴 판자와 받침점이랍니다.

지렛대는 아주 단순해요. 나무판자를 바위에 올려 균형을 잡게 하는 것만으로도 지렛대 하나가 완성되죠. 이 균형점을 '받침점'이라고 해요. 판자의 한쪽을 누르면 반대쪽은 올라가죠. 이 도구는 여러분이 사용하는 힘을 실제보다 훨씬 부풀릴 수 있어요. 코끼리를 들어 올리려면 판자의 한쪽 끝을 코끼리 발밑에 집어넣은 다음 판자의 반대쪽 끝을 누르면 되죠. 하지만 코끼리를 들기 위해선 아주 긴 판자가 필요해요! 여러분이 코끼리 몸무게의 100분의 1 정도 되는 힘으로 눌러 코끼리를 들어 올리려면, 코끼리 쪽보다 여러분 쪽의 판자가 100배 더 길어야 할 거예요.

간단한 기계 장치들

우리는 일상에서 매일 지렛대를 사용해요. 예를 들어 코코아 통의 뚜껑을 열 때 틈새에 숟가락을 집어넣어 지렛대처럼 활용하죠. 시소에도 지렛대의 원리가 쓰였답니다! 지렛대는 오늘날 우리가 사용하는 다양한 복잡한 기계를 이루는 6가지 '간단한 기계들' 중 하나예요. 지렛대를 제외한 나머지는 바로 도르래, 나사, 쐐기, 빗면(비스듬한 경사면), 그리고 축이 달린 바퀴죠.

도르래
도르래는 밧줄이나 체인이 걸린 바퀴예요. 에너지를 한 곳에서 다른 곳으로 이동시키죠.

나사
마음껏 돌려 봐! 나사는 빙글빙글 원운동을 한 방향의 움직임으로 변환시켜요.

빗면
경사면을 기계라고 불러도 될까요? 당연하죠. 물체들을 좀 더 쉽게 들어 올리게 하니까요.

쐐기
쐐기는 앞이나 아래 방향으로 미는 힘을 옆으로 퍼지는 힘으로 변환해요.

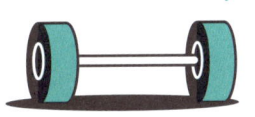

축이 달린 바퀴
이 기계 장치의 돌아가는 힘 덕분에 어떤 물체를 직선으로 똑바로 옮길 수 있어요.

누가 그런 말을 했지?

그리스의 철학자 아르키메데스는 이런 말을 했다고 전해져요. "만약 나에게 지렛대와 설 땅을 준다면, 나는 세상을 움직일 수 있다." 이론상으로는 가능하지만, 대체 어디에 발을 딛고 서야 할까요?

23 1959년에서야 알려진 달의 뒷면 모습

소비에트 연방의 우주선 루나 3호가 사진을 찍어 지구에 보내기 전까지는, 지구상의 그 누구도 달의 뒷면이 어떻게 생겼는지 몰랐답니다.

앞면만 보이는 달

달은 자전과 공전 주기 때문에 지구와 언제나 같은 면으로 마주 봐요. 달은 지구를 27.3일마다 한 바퀴씩 도는데, 그와 동시에 지구도 자전축을 중심으로 돌죠. 그리고 달은 자전하는 속도가 지구 주위를 공전하는 속도와 같아요(이것을 '조석 고정'이라고 해요). 그래서 달의 '하루'는 한 달 동안 이어지죠. 즉, 달에서는 지구의 하루로 계산했을 때 약 14일간 어둠이 지속되다가 이후 14일 동안 밝아져요. 이렇듯 자전과 공전이 같은 속도로 일어나기 때문에 언제나 달의 반쪽 표면만 지구를 향하고, 나머지 반대쪽 표면은 우주 쪽을 향해 있어서 지구에 보이지 않는 거죠.

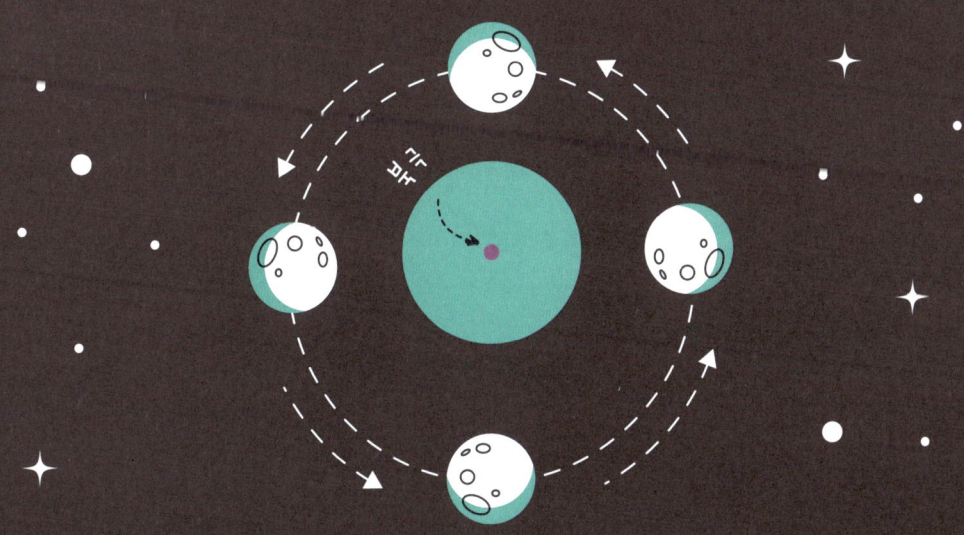

아무도 보지 못한 달의 뒷면

그동안 우리 인류만 달의 뒷면을 보지 못한 건 아니에요. 달과 지구는 지금으로부터 45억 년 전 달이 형성되고 얼마 되지 않을 무렵부터 조석이 고정되었어요. 그 이전에도 지구에 생명체가 있었지만, 미생물뿐이었고 이들은 눈이 없었죠. 하지만 이후로 탐사를 통해 인류는 지구상의 여러 생명체 중에서 달의 뒷면을 본 유일한 존재가 되었어요. 물론 지난 45억 년 동안 외계인들은 밖에서 언제든 달의 뒷면을 봤을 수도 있지만요.

알고 있나요?

달의 뒷면을 실제 두 눈으로 본 사람은 지금껏 24명뿐이랍니다. 모두 달의 주위를 도는 우주선인 아폴로호에 탔던 우주 비행사들이었죠.

24 점과 점을 잇는 최단 거리, 곡선

여러분은 아마 두 점을 잇는 가장 짧은 거리가 직선이라고 생각할 거예요.
하지만 여러분이 지구를 여행하다 보면 가장 짧은 경로는 사실 곡선이랍니다.

편평한 지도와 실제 지구

우리는 지구의 편평한 2차원 지도를 흔히 봐요. 하지만 사실 지구는 3차원상에 있는 살짝 위아래로 찌그러진 구체죠. 만약 여러분이 지구에서 아무 두 점이나 골라(예를 들어 시드니와 파리) 둘 사이를 잇는 선을 긋는다고 해 봐요. 그을 때는 직선인 것 같지만 지면을 벗겨 내서 편평하게 펼친다면 사실은 곡선이랍니다. 휘어진 표면 위로 그어진 직선이니 '호'라고 할 수 있죠! 여러분이 편평한 세계 지도를 구부려 본다면, 직선 경로가 사실 호보다 멀다는 사실을 알 수 있어요.

25 실제로는 그렇게 뜨겁지 않은 붉은색 물체

우리는 붉은색을 띤 물체가 뜨겁다고 생각하지만 사실 붉은색 물체는 어떤 색을 갖고 빛을 내는 물체들 가운데 가장 온도가 낮아요. 정말로 뜨거운 물체는 흰색으로 빛나죠. 그보다 살짝 차가운 물체는 노란색으로 빛나고요.

천체의 색깔과 온도

뜨거운 물체가 빛을 내는 이유는 물체 속에서 돌아다니는 진자들이 '광자(69쪽 참고)'의 형태로 에너지를 조금씩 분출하기 때문이에요. 이 에너지의 상당 부분은 적외선 복사로 방출되고, 여기서 우리는 열기를 느껴요. 만약 물체의 에너지가 더 높다면 눈에 보이는 가시광선도 만들어 내죠. 붉은색 빛은 가시광선 가운데 에너지가 가장 낮아서 제일 먼저 만들어져요. 그러다가 물체가 점점 뜨거워지면 물체는 노란색 빛을 내기 시작하고 그 이후로 다른 색 빛도 내죠. 이런 모든 스펙트럼의 빛이 뒤섞이면 흰색이 되기 때문에, 모든 스펙트럼을 통해 빛을 뿜어내는 물체는 흰색으로 빛을 내는 거예요.

26 평생 생일을 맞을 수 없는 곳, 해왕성

지구에서는 365일, 즉 1년마다 한 번씩 생일이 돌아오죠. 하지만 해왕성에서는 1년이 지구의 165배랍니다. 그러니 여러분이 해왕성에 산다면 아무리 오래 산다 해도 생일을 맞이하지 못할 거예요!

서로 다른 공전 주기

태양계의 모든 행성은 태양의 주변을 돌죠. 이것을 공전이라고 해요. 하지만 한 바퀴를 도는 데 걸리는 시간은 행성마다 다 달라요. 태양과 가까운 행성들은 이동하는 거리가 그렇게 길지 않아서 시간도 짧게 걸리죠. 예를 들어 태양과 가장 가까운 수성은 태양 주변을 한 바퀴 도는 1년이 88일에 지나지 않아요. 여러분이 지구에서 10살이라면 수성에서는 42살인 셈이고, 수성 나이로 300살에서 400살까지도 살 수 있답니다!

한편 '하루'란 어떤 행성이 자신의 자전축을 한 바퀴 도는 데 걸리는 시간이에요. 지구의 하루는 24시간이죠. 그리고 다른 행성들은 각자 다른 속도로 돌아요. 해왕성은 자전 속도가 빠른 편이어서 하루가 16시간 6분 30초이죠. 해왕성의 1년은 '해왕성의 하루'로 따졌을 때 40,372일이랍니다.

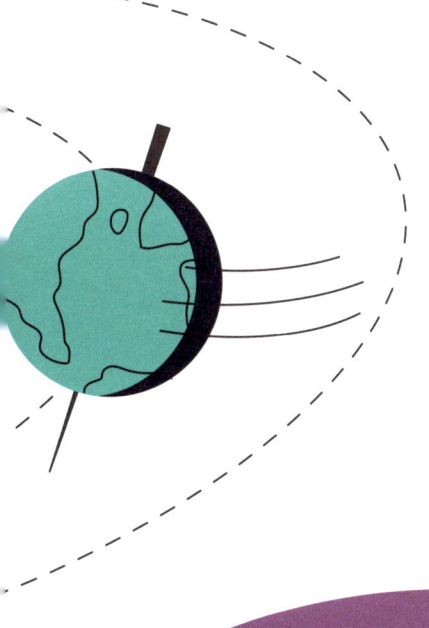

가까울수록 빨리 공전하는 행성들

어떤 행성이 태양 주위를 도는 속도는 태양에서 얼마나 떨어져 있는지에 달려 있어요. 행성과 태양의 거리가 가까울수록 태양의 중력으로부터 영향을 크게 받아 더 빠르게 움직이죠. 수성은 공전 속도가 무려 48km/s나 된답니다! 그리고 지구는 30km/s 정도죠. 반면에 해왕성은 속도가 5km/s에 지나지 않아요. 느린 것처럼 들릴지도 모르지만 그래도 18,000km/h의 속도이니 꽤 엄청나죠. 이 속도라면 여러분은 2시간 만에 지구를 한 바퀴 돌 수 있으니까요.

27 그 자체가 거대한 자석, 지구

'핵'이라 불리는 지구의 한가운데는 금속으로 이루어졌어요. 대부분 철로 구성되어 있죠. 핵은 두 개의 층으로 나뉘는데, 고체로 된 내핵과 고체가 녹아 액체가 된 외핵이랍니다. 지구는 자전축을 따라 도는데 한 번 완전히 돌기까지 하루가 걸리죠. 그러는 동안 고체 핵 주변을 이동하는 액체 금속의 움직임이 엄청난 자기장을 만들어 내요.

극에서 극으로

자석에는 극이 있어요. 자기장이 시작되었다가 끝나는 지점이기도 하죠. 하지만 조금 헷갈리게도 지구의 자기적인 극은 우리가 북극이나 남극으로 부르는 지점과 일치하지 않아요. 게다가 똑같이 남쪽이나 북쪽에 있는 것도 아니랍니다. 자기적인 북극은 지구의 남쪽인 남극 대륙에 있고, 자기적인 남극은 북쪽 캐나다에 있거든요. 그리고 자석의 북극은 언제나 남극을 끌어당기기 때문에 나침반의 '북쪽' 화살표가 북쪽을 가리키는 거예요. 지구의 자기적인 남극에 끌리기 때문이죠.

자기장의 보호

지구의 자기장은 우주로 수백만km나 뻗어 나가요. 비록 그 힘은 냉장고에 붙이는 자석보다 약하기는 하지만, 지구 주변의 태양풍 속 전기를 띤 입자들이 우리에게 떨어지지 않도록 막아 주기엔 충분하죠. 이런 자기장이라는 보호 망토가 없으면 대기가 떨어져 나가 우리는 더는 지구에서 살 수 없을 거예요. 예를 들어 화성은 자기장이 없어서 대기가 대부분 사라졌어요.

28 눈으로 볼 수 있는 지구의 자기장

자기장의 효과는 눈으로 볼 수 있어요. 북극이나 남극 근처의 밤하늘을 보면 이리저리 소용돌이치는 초록색, 파란색, 분홍색의 패턴인 북극광과 남극광이 보이죠. 이건 지구의 자기장이 태양풍 속 입자들과 상호 작용하면서 생겨난 현상이랍니다. 태양풍이란 태양에서 나온 전기를 띤 입자가 태양계를 따라 이동하는 꾸준한 흐름을 말해요.

29 물만으로도 잴 수 있는 물체의 무게

물의 부피가 표시된 통이 있다면, 물 위에 뜨는 물체의 무게를 잴 수 있어요. 어떤 물체를 물에 넣었을 때 흘러넘친 물의 질량이 그 물체의 질량과 같거든요.

하지만 물의 질량을 어떻게 알지?

미터법에 따르면 상온에서 $1cm^3$ 부피의 물은 무게가 1g이에요. 여러분이 통에 $200cm^3$의 물을 붓고 무게가 100g 되는 사과를 떨어뜨렸다고 해 봐요. 이때 통 속 물의 높이가 올라갔고 $300cm^3$를 가리켰어요. 그러면 사과가 100g이니 물의 무게는 200g인 셈이에요. 이렇게 할 수 있는 이유는 물체에 부력이라는 힘이 작용하고, 이 힘은 물체의 무게와 같기 때문이죠. 단위가 바뀌어도 같은 원리를 적용할 수 있어요. 또 물이 가득 채워진 통에 어떤 물체를 집어넣었을 때 물이 얼마나 흘러넘칠지도 계산할 수 있답니다.

풍덩 가라앉는 물체들

어떤 물체가 물보다 밀도가 높으면 그 물체는 물에 뜨지 않고 가라앉아요. 이번에도 물이 흘러나오기는 하지만 그 물의 질량으로 물체의 질량을 알 수는 없죠. 물체는 자기 부피 이상을 밀어낼 수가 없어요. $1cm^3$의 돌은 $1cm^3$의 납덩어리와 똑같은 부피의 물을 밀어내지만, 사실 돌보다는 납덩어리가 더 무거우니 말이에요.

둥둥 떠 있는 물체들

배에서는 '흘수선'을 활용해 배에 짐을 가득 실었을 때 물이 얼마나 높이 올라와도 괜찮은지 표시해요. 배가 안전하게 운항할 수 있는 최대한의 짐을 실었을 때 물의 배수량(배가 밀어낸 물의 양)이 얼마나 되는지를 활용한 장치에요.

30 지구상의 모든 사람들이 각설탕 하나에 들어갈 수 있다고?

만약 사람들 속에 있는 모든 빈 공간을 없앤다면, 더는 사람이라고 할 수 없는, 남은 물질 조각들은 그림처럼 한 면이 약 1cm인 각설탕에 딱 맞게 들어갈 수 있어요.

대부분 텅 비어 있는 원자

모든 물질은 원자로 이뤄졌어요. 원자의 한가운데에는 핵이 하나 있고, 하나 이상의 전자가 그 주위를 돌고 있죠. 하지만 전자가 핵에서 꽤 멀리 떨어져 있기 때문에 원자에서 대부분의 공간은 비어 있어요(29쪽 참조). 게다가 원자 사이에도 상당한 공간이 있죠. 그러니 이 텅 빈 공간을 걷어내고 원자들이 아주 가까워지도록 짓누른다면 전 지구상의 모든 인류가 작은 각설탕 위에 올라올 정도로 축소될 거예요. 다만 5,000억kg에 달하는 전체 질량은 그대로일 테지만요!

만약 이런 원자 속 빈 공간을 제거하지 않고 사람들 사이의 틈이 없게 꽉 압축시킨다 해도, 사람들은 한 면이 약 800m인 정육면체에 들어갈 거예요. 여러분의 생각보다 꽤 작은 크기죠!

입자를 서로 묶는 힘

원자핵은 양전하를 가졌고 전자는 전부 음전하를 가졌어요. 전자들은 자연스레 서로를 밀어내기 때문에 가능한 한 서로 멀리 떨어져 있죠. 하지만 이 전자들은 다들 양전하를 띤 핵에 끌려들어요. 그러니 전자는 반대 방향의 두 힘 사이에 균형을 잡아야 하죠. 바깥으로 완전히 멀어져 우주 공간으로 사라질 것인가, 아니면 핵을 향해 한가운데로 몰려들 것인가? 실제로 전자들은 각자 거리를 유지하면서도 가능한 한 핵에 가까이 머물러요. 이렇듯 전자들이 거리의 균형을 잡으면서 원자 속에 빈 공간을 만들죠.

31 욕조 물에 뜨는 토성

토성은 거대 기체 행성(목성형 행성)에 속해요. 그리고 수소나 헬륨 같은 가벼운 화학 물질들로 이루어졌죠. 그래서 행성 전체의 밀도가 물보다 낮아요. 엄청나게 큰 욕조에 물을 받아 토성을 집어넣으면 둥둥 뜰 거예요.

물질의 상태

물질은 보통 온도와 압력에 따라 고체, 액체, 기체라는 세 가지 상태 중 하나로 존재해요. 예를 들어 지구에서는 물이 얼음(고체), 물(액체), 수증기(기체)로 존재하죠. 물질이 뜨거워지거나 차가워지면 이런 여러 상태 사이를 오가요. 물질에 열을 가하면 원자에 에너지를 제공하기 때문에 원자가 더 잘 돌아다녀요. 고체일 때는 원자가 정해진 자리에만 머무르면서 진동할 뿐이지만, 열이 충분히 가해지면 이런 고체의 구조를 깨고 흐르기 시작해요. 고체가 녹아서 액체가 되는 시점이죠. 기체가 되면 원자들은 더욱 많은 에너지를 갖고 자유롭고 활발하게 움직이면서 멀리까지 퍼져요. 물질을 냉각시키거나 큰 압력을 가하면 이런 기체가 다시 액체로 변하거나, 액체가 다시 고체로 변하죠. 물질이 짓눌리면서 원자들이 서로 가까워지고 멀리까지 이동할 수 없기 때문이에요. 가스 용기 속의 기체는 압력을 가하면 액체가 되어 저장되죠.

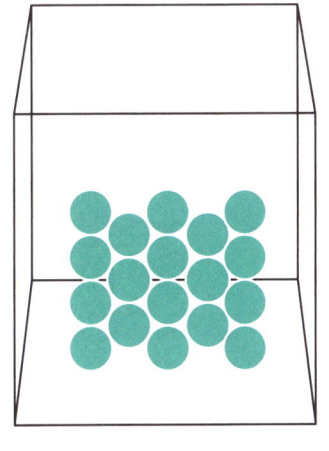
고체

액체

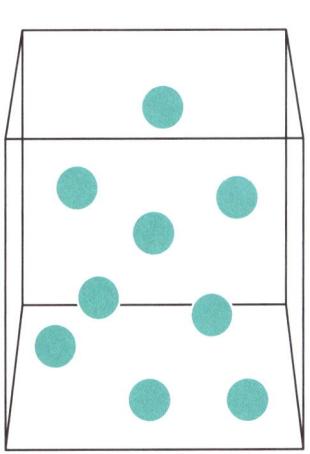
기체

기체가 뭉쳐진 행성

토성은 지구처럼 고체로 된 표면을 갖지 않아요. 하지만 이 행성의 기체는 한가운데를 향해 점점 단단히 뭉쳐져 액체가 되고, 결국 걸쭉한 슬러시 얼음 상태가 돼요. 그건 이 행성의 중력이 엄청난 압력을 가하며 기체를 끌어당기기 때문이죠.

32 분자가 움직이는 걸 볼 수 있다고?

분자는 크기가 아주 작아요. 얼마나 작냐면, 1티스푼의 물속에 분자가 150,000,000,000,000,000,000,000개도 넘게 들어 있을 정도죠. 이렇게 작은 것들의 움직임을 어떻게 해야 볼 수 있을까요? 맨눈이나 돋보기로는 볼 수 없어요. 하지만 현미경을 활용하면 분자가 움직이면서 나타나는 변화를 볼 수는 있답니다.

이리저리 밀치기

물 한 방울 속에서 분자들은 끊임없이 돌아다녀요. 1827년에 생물학자 로버트 브라운은 자신의 현미경으로 꽃가루를 관찰한 적이 있는데, 작은 꽃가루가 이리저리 주변을 밀치며 마치 혼자서 저절로 움직이는 듯한 모습에 깜짝 놀란 적이 있었죠. 사실, 그로부터 80년 뒤에 아인슈타인이 밝혀낸 바에 따르면 이 꽃가루는 물 분자의 움직임에 의해 이리저리 움직이는 거였어요. 물 분자가 꽃가루에 충돌하면서 꽃가루를 이리저리 밀치며 돌아다녔던 거였어요. 브라운은 분자들 그 자체는 볼 수 없었지만 대신 그 분자가 일으킨 움직임을 봤던 거랍니다.

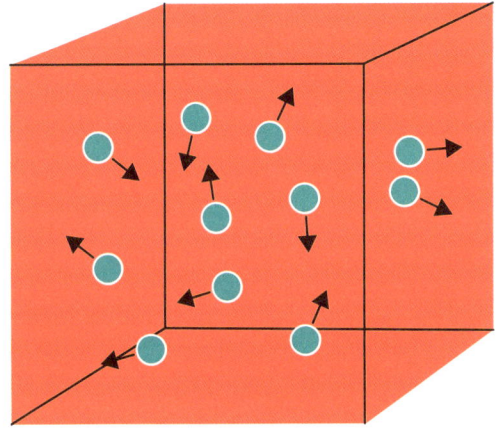

계속 움직이는 원자와 분자

액체나 기체 속에서 분자와 원자들은 계속해서 움직여요. 그러면서 고체저럼 단단한 표면에 부딪히며 압력을 만들어 내죠. 그 표면이 어떤 그릇의 가장자리이든, 그 안에 둥둥 떠다니는 무엇이든 상관없어요.

브라운이 현미경을 통해서 보았던 것은 온갖 방향에서 몰려든 수많은 물 분자들에 꽃가루가 부딪히며 밀고 밀리는 모습이었어요. 물 분자들은 마구잡이 방향으로 움직이기 때문에 꽃가루 역시 온갖 방향으로 이리저리 밀리죠. 그러다가 우연히 어느 한 방향으로 더 많이 밀려나는데 그럴 때마다 조금씩 움직여요. 과학자들은 곧 꽃가루만이 이렇게 떠밀리듯 움직이는 것이 아니라 물속에 들어간 조그만 입자라면 다들 이렇게 움직인다는 사실을 발견했어요.

33 아무리 밝아도 스스로 빛을 내지 않는 달

달과 행성은 혼자서는 빛을 내지 못해요. 태양 빛을 반사해야만 빛날 수 있죠. 암석으로 이뤄진 지구형 행성과 달, 기체와 얼음으로 이뤄진 목성형 행성은 모두 스스로 빛을 만들어 낼 수 없어요.

엔셀라두스가 하얗게 빛나는 이유

태양의 빛이 달이나 행성의 표면에 떨어지면 일부는 반사돼요. 표면이 옅은 색일수록 더 많은 빛이 반사되죠. 달은 옅은 회색의 암석으로 이루어져 있어서 아주 많은 양의 빛을 반사하고, 그래서 하얗게 빛나는 것처럼 보여요. 하지만 달에는 어두운 얼룩무늬도 있죠. 이 구역은 다른 종류의 암석으로 이루어져 있어 빛을 덜 반사해요. 한편 토성의 위성인 엔셀라두스는 표면이 거의 얼음으로 뒤덮였어요. 그래서 자신을 비추는 태양 빛의 90%를 반사해 새하얀 색으로 보인답니다.

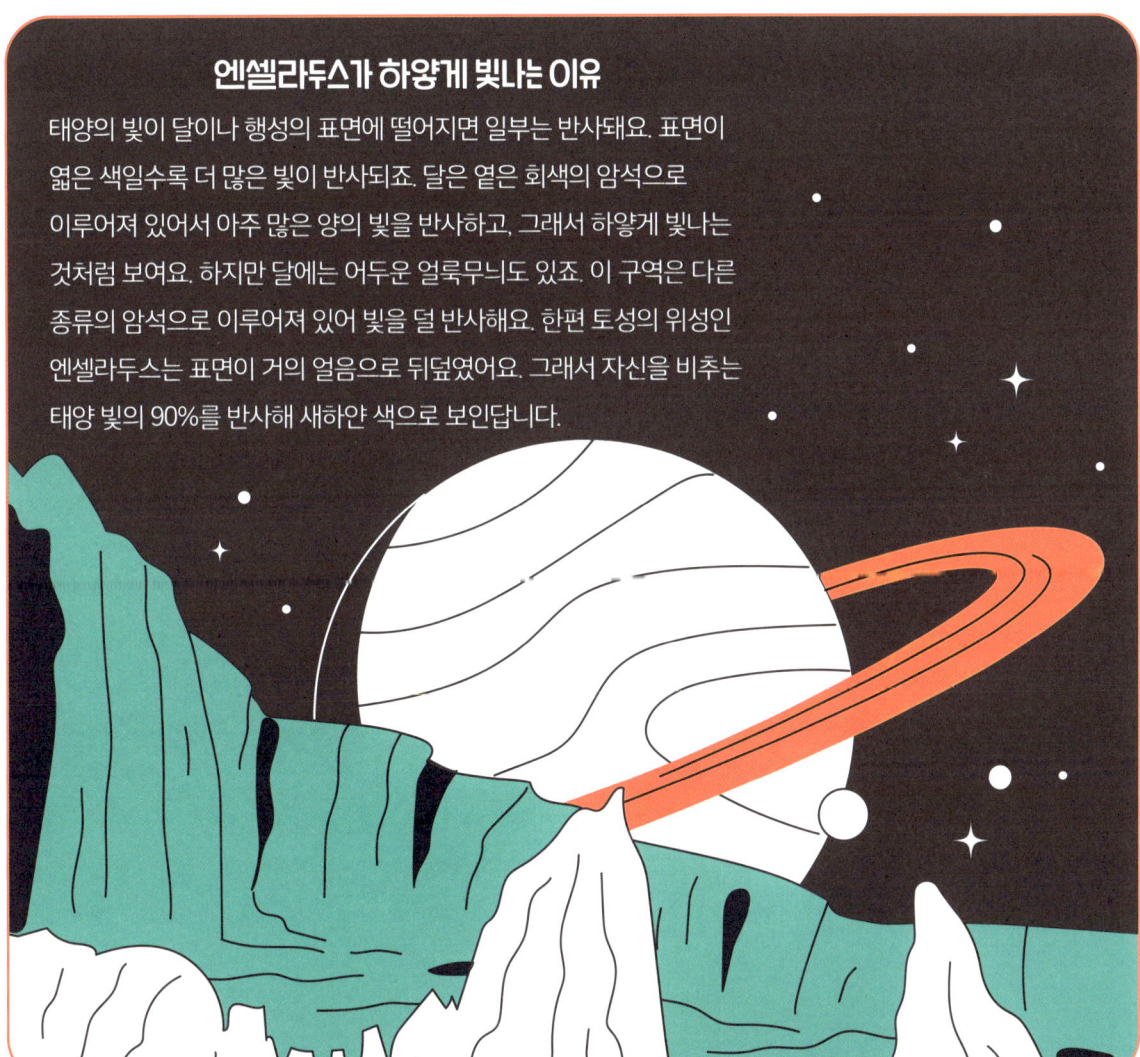

왜 그런 색으로 보일까?

흰색이나 옅은 색의 물체들은 자신을 비추는 빛 대부분을 반사해요. 반면에 그 밖의 다른 여러 물체는 빛 스펙트럼의 일부만 반사하고 다른 빛의 파장은 흡수하죠. 파장이 다른 빛은 각기 다른 색을 띠어요. 우리의 눈에는 어떤 물체에서 튕겨 나온 빛만 보이죠. 예를 들어 붉은색을 제외한 다른 모든 빛을 흡수하는 물체는 우리 눈에 붉은색으로 보여요. 붉은색만 반사하기 때문이죠. 푸른색만 빼고 다른 모든 빛을 흡수하는 물체는 푸른색으로 보이고요. 그럼 모든 빛을 흡수하는 물체는 어떤 색으로 보일까요? 어떤 빛도 반사하지 않기 때문에 검은색으로 보인답니다.

34 열기로 풍선을 터뜨린다고?

앗, 난로 근처에 풍선을 가까이 가져가면 안 돼요! 풍선을 터뜨리고 싶지 않다면 말이죠!

풍선이 지나치게 뜨거워지면 터져요. 온도가 올라가면 풍선 내부의 압력도 올라가는데, 그러다가 풍선의 겉면이 견디기에 너무 압력이 높아지면 터지게 된답니다.

압력을 받는 풍선

풍선에 바람을 넣을 때면 얇은 고무나 플라스틱으로 된 겉면이 쫙 늘어나면서 여러분이 불어 넣은 공기를 담아 풍선이 부풀어 올라요. 이때 풍선의 고무는 늘어나지 않으려 저항하기 때문에 풍선 안쪽의 공기는 풍선 바깥의 공기에 비해 압력이 더 높아야 하죠. 그 말은 같은 부피라도 풍선 안쪽이 바깥쪽보다 더 많은 기체 분자를 가졌다는 뜻이에요.

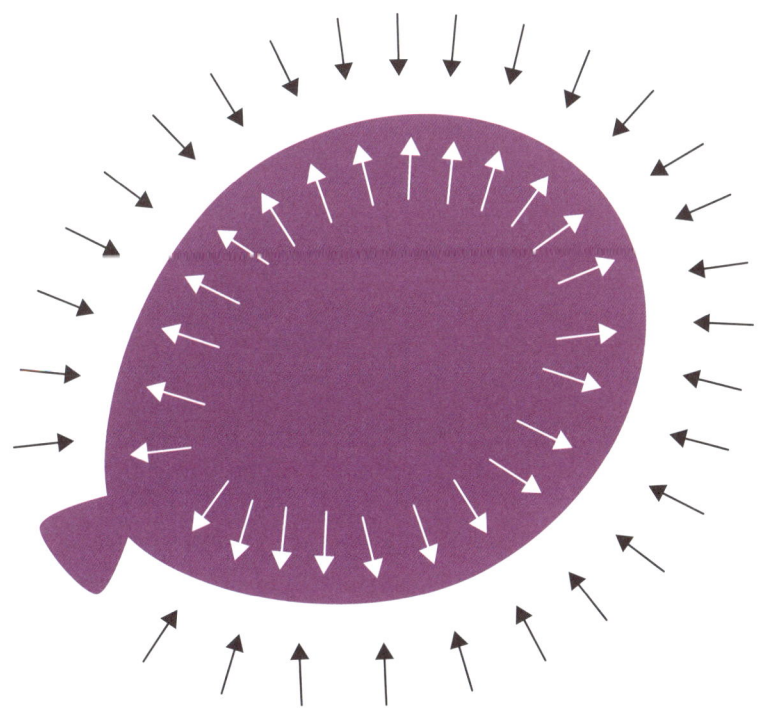

어떤 물질이 데워지면 그 물질을 이루는 원자나 분자들은 에너지를 얻어 더 활발하게 움직여요. 이때 그 원자와 분자가 사방이 막힌 공간에 있다면 압력이 증가하죠. 풍선 내부의 공기는 이미 어느 정도 압력을 받고 있어요. 그러므로 풍선에 열기를 더하면 풍선에 공기를 더 집어넣는 것과 같은 효과를 가져와요. 이렇게 압력이 점점 높아지면 풍선의 고무 재질이 견딜 수 없는 한계를 맞이하게 돼요.

35 우리와 다른 별을 봤을 공룡들

우리는 별들이 언제나 변하지 않는다고 생각해요. 하지만 별들도 아주 오랜 세월에 걸쳐 변해 왔답니다. 수백만 년 전의 별들은 지금과는 꽤 다른 모습이었을 거예요. 예컨대 플레이아데스성단의 별들은 나이가 1억 년밖에 되지 않았어요. 스테고사우루스가 밤하늘을 올려다볼 무렵에 이 별들은 존재하지도 않았던 거예요.

새로운 별들

별들은 우주 공간의 커다란 기체 구름에서 만들어져요. 기체 구름이 스스로의 중력에 의해 밀고 당겨지는 과정에서 내부의 기체들은 짓눌리며 점점 가까워져요. 그러다 아주 단단히 압축되어 원자들이 움직일 공간도 없어지죠. 바로 이때 핵융합이 시작돼요. 수소 원자들이 서로 융합해 헬륨 원자가 되는 과정에서 에너지를 방출해 별이 빛나게 하죠. 수백만 년이 걸리는 이 과정은 계속해서 일어나는 중이에요. 그러니 언제나 어딘가에선 새로운 별들이 태어나고 있는 셈이죠.

오래된 별들

일부 별들이 밤하늘에 처음 나타나는 동안 몇몇 다른 별들은 사라지고 있어요. 어떤 별의 수명이 다하면 그 별은 폭발해서 초신성이 되거나 점점 쇠약해져 죽어 가기 시작해요. 죽어 가는 별은 아주 흐려서 망원경이 없으면 볼 수 없어요. 한때 눈으로 보일 만큼 아주 밝았던 별들이 이제 사라지는 거예요. 아니면 폭발하기도 하고요. 그러니 공룡들은 현재 우리가 볼 수 없는 몇몇 별들을 봤을 테고, 반대로 우리가 보는 별들 중 몇몇은 보지 못했을 거예요.

끊임없이 달라지는 밤하늘

어떤 별들은 계속해서 존재하긴 하지만 다른 별이나 지구에서 볼 때 항상 같은 위치에 있지는 않아요. 태양계 전체가 우주 공간을 따라 움직이는 중이고, 별들도 마찬가지죠. 밤하늘은 언제나 조금씩 바뀌고 있어요.

36 물이 든 양동이를 거꾸로 뒤집어도 물이 쏟아지지 않는다고?

물이 충분히 빠르게 움직인다면 가능해요! 만약 여러분이 양동이에 물을 가득 채운 다음 빠른 속도로 빙빙 돌리면 물은 양동이 속에 그대로 남아 있어요. 양동이가 옆으로 눕거나 위아래로 뒤집혀도 말이에요.

양동이를 돌리다가 맨 꼭대기 즈음에서 멈춘다면 물은 쏟아질 거예요.
하지만 물과 양동이 둘 다 계속 움직이면 관성 때문에 물은 양동이에 들어가 있는 채로 쏟아지지 않아요.

힘을 느껴 봐

몇몇 사람들은 양동이에 물이 그대로 있는 이유를 '원심력' 때문이라고 말해요. 어떤 물체가 원운동을 하는 동안 원의 중심으로부터 멀리 날아가려는 힘을 말하죠. 하지만 사실, 이 힘은 실제로는 존재하지 않는답니다. 물은 이미 움직이고 있던 방향과 같은 방향으로 계속 움직이고자 할 뿐이죠. 이런 힘을 '관성'이라고 해요.

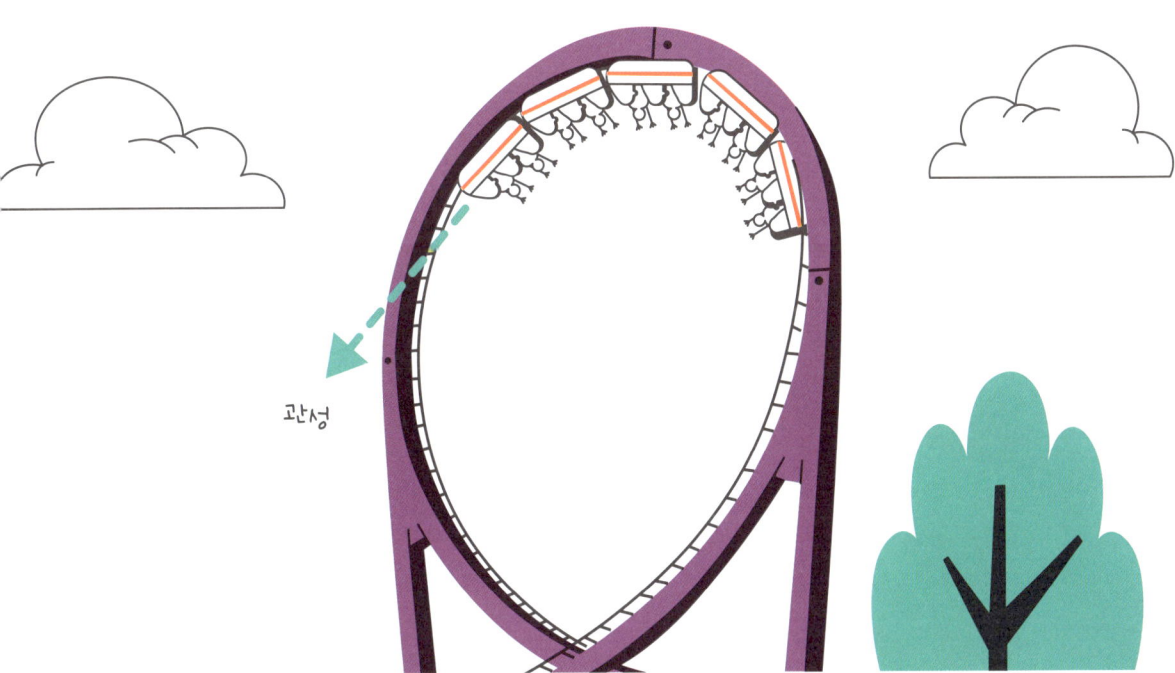

양동이와 롤러코스터의 공통점

처음에 양동이가 위로 올라가기 시작하면 물도 따라서 올라가요. 그러다가 양동이가 맨 꼭대기 지점에 오면 물은 비스듬히 움직이고 있지만, 여전히 위에 있어요. 양동이의 벽이 물을 막고 있어서 물이 하늘로 솟구치는 일은 없죠. 그러다가 양동이가 아래로 내려가기 시작하면 물은 계속 직선 경로로 움직이고자 하지만 그대로 흘러내리지는 않아요. 양동이가 물을 계속 담고 있어서 우리는 물을 뒤집어쓰지 않죠!

이와 같은 원리가 롤러코스터에도 적용돼요. 열차는 관성을 갖고 있어서 하늘로 달려들려 하지만 선로가 잡아 주고 있어서 그런 일은 생기지 않아요.

37 똑같은 속도로 떨어지는 깃털과 망치

깃털과 망치를 공기가 없는 진공에서 떨어뜨리면 둘 다 동시에 바닥에 닿을 거예요.

여러분의 생각에는 무거운 물체가 가벼운 물체에 비해 더 빨리 떨어질 것만 같죠. 하지만 어떤 물체가 떨어지는 속도는 그것의 무게(또는 질량)의 영향을 받지 않아요. 중력이 모든 물체에 똑같은 방식으로 작용하죠. 지금으로부터 430여 년 전 이탈리아의 과학자 갈릴레오 갈릴레이는 이 사실을 보여줄 실험을 제안했어요. 그리고 1971년에 우주 비행사 데이비드 스콧은 마침내 실제로 이 실험을 수행했죠. 스콧이 공기가 없는 달 표면에서 깃털과 금속 망치를 떨어뜨렸는데, 둘 다 똑같은 속도로 지면에 떨어졌답니다.

물체의 모양도 중요하다

여러분이 달이 아닌 지구에서 깃털과 망치를 동시에 떨어뜨린다면, 아마 망치가 지면에 먼저 닿을 거예요. 그건 공기 저항(항력) 때문에 깃털이 빠르게 떨어지지 못하기 때문이에요. 또 여러분이 편평한 종이와 그 종이를 둥글게 구긴 것을 동시에 떨어뜨린다면 구긴 종이가 먼저 떨어지죠. 여기서는 질량이 문제가 되지 않아요. 공기 저항이 생겨나는 이유는 공기 중의 분자들이 물체의 떨어지는 아랫면과 충돌하기 때문이에요. 그 면적이 큰 물체는 공기 저항이 더 크죠. 공기 분자와 충돌하는 면적이 더 크기 때문이랍니다.

알고 있나요?

스콧은 매의 깃털을 떨어뜨렸어요. 달 착륙선의 이름이 '매'였거든요. 실험에 사용됐던 깃털과 망치는 아폴로 11호 달 착륙 이후 지금도 달에 그대로 있답니다.

38 퇴비 더미처럼 열을 만들어 내는 태양

태양은 수소를 헬륨으로 융합해서 빛과 열을 포함한 에너지를 만들어 내요. 태양은 1초마다 6억 톤의 수소를 사용한답니다. 하지만 만약 태양의 중심에 가로세로 길이가 1m인 블록이 있다 해도 이곳에서 만드는 에너지는 냉장고 한 대를 돌릴 정도밖에 안 돼요. 대신 태양은 어마어마하게 크기 때문에 충분한 에너지를 만들 수 있죠.

따뜻해지는 퇴비

퇴비 더미 속 풀은 천천히 썩어요. 세균과 균류, 그리고 지렁이나 곤충 같은 동물의 활동으로 풀은 분해되죠. 이 화학 반응은 열기를 방출해요. 한창 썩고 있는 퇴비 더미에 손을 깊숙이 집어넣으면 따뜻한 기운이 느껴질 거예요(냄새가 좀 지독하니까 코를 막고요). 하지만 퇴비 더미는 작아서 여기서 만들어 내는 총에너지도 그렇게 많지는 않아요. 물론 퇴비 더미의 크기가 태양만큼 커진다면 훨씬 더 많은 열기를 내보내겠죠.

39 태양 안에서 이동하는 데 수천 년이 걸리는 '햇빛'

태양은 광자의 형태로 에너지를 방출해요. 광자란 빛과 열, 또는 다른 유형의 복사 에너지로 이루어진 작은 꾸러미죠. 태양의 빛이 우주 공간으로 뻗어 가려면 광자는 멀리까지 이동해야 해요.

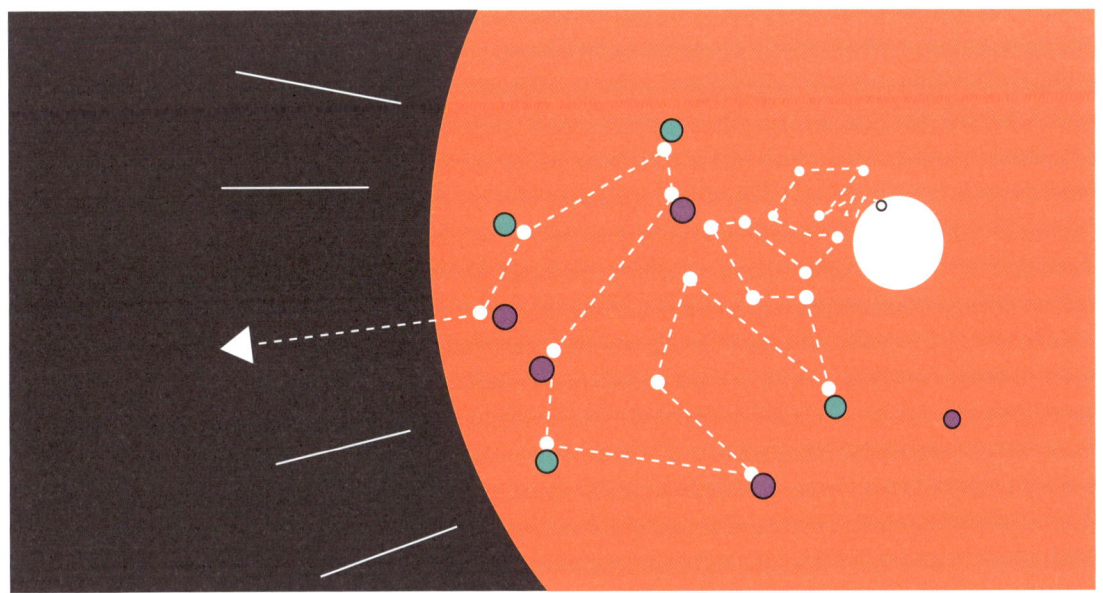

태양의 중심부에서 가장자리까지의 거리는 69만 5,700km예요. 하지만 그건 직선으로 거리를 쟀을 때의 얘기죠. 광자는 딱히 밖으로 빠져나갈 생각이 없어서 똑바로 나아가지도 않아요. 이리저리 무작위로 밀쳐지고, 흡수되고, 부서지거나 재결합하고, 아무렇게나 충돌해서 제멋대로 튕겨 나가요. 이런 광자가 태양의 가장자리에 닿는 건 순전히 우연이죠. 그리고 일단 가장자리에 닿으면 태양을 벗어나 우주 공간으로 나아가게 돼요. 광자의 여정은 고작 몇 초면 끝나기도 하고 100만 년이 걸리기도 한답니다.

40 은하계 나이로 고작 20살인 태양

여러분은 매년 생일을 맞아요. 지구가 태양을 한 바퀴 도는 기간이 1년이죠. 그렇다면 태양의 생일은 언제일까요? 지구가 태양 주변을 도는 동안 태양도 우리 은하계의 가운데쯤에서 주변을 돌고 있어요. 사실 은하 전체가 돌고 있죠.

태양과 지구, 달을 비롯해 다른 행성들과 그 위성, 소행성, 혜성들은 우주 공간에서 한꺼번에 돌고 있어요. 은하계 속의 다른 별들과 함께요. 태양계가 은하계의 중심을 완전히 한 바퀴 도는 데는 2억 3,000만 년이 걸린답니다. 그런데 우리 태양계가 46억 년 전에 태어났기 때문에 태양계가 형성된 이후로 20바퀴를 돌았다는 뜻이죠. '은하년'으로 20살인 거예요.

'은하년'으로 말하면…

지구가 은하계에서 마지막으로 지금과 같은 자리에 있었던 건 2억 3,000만 년 전의 일이에요. 공룡이 막 지구에 모습을 드러낼 무렵이죠.
'은하년'을 기준으로 시간을 이야기하면, 공룡은 겨우 4개월 전에 멸종되어 사라진 셈이에요. 은하계 자체가 생겨난 건 54년 전의 일이고, 빅뱅은 약 60년 전에 시작되었다고 할 수 있어요.

41 우리 은하계가 다른 은하와 충돌한다고?

은하계는 제자리에 가만히 머물러 있지 않아요. 우리 태양계가 은하계의 중심 주변을 돌고 있지만, 은하계 자체도 약 시속 200만 km의 속도로 우주 공간을 질주하는 중이죠. 그래서 약 40억 년이 지나면 은하계는 가장 가까운 은하인 안드로메다와 충돌하게 돼요. 하지만 생각보다 그렇게 무시무시한 재앙은 아니랍니다. 두 은하 모두 거의 텅 빈 공간으로 이루어져 있어서 아무 일 없다는 듯이 평화롭게 합쳐질 거예요.

42 점프하는 돌

약간의 연습이 필요하기는 하지만 여러분이 적당한 각도로 돌을 물 위에 던지면, 몇 번 통통 튀다가 가라앉을 거예요. 이것을 물수제비라고 해요.

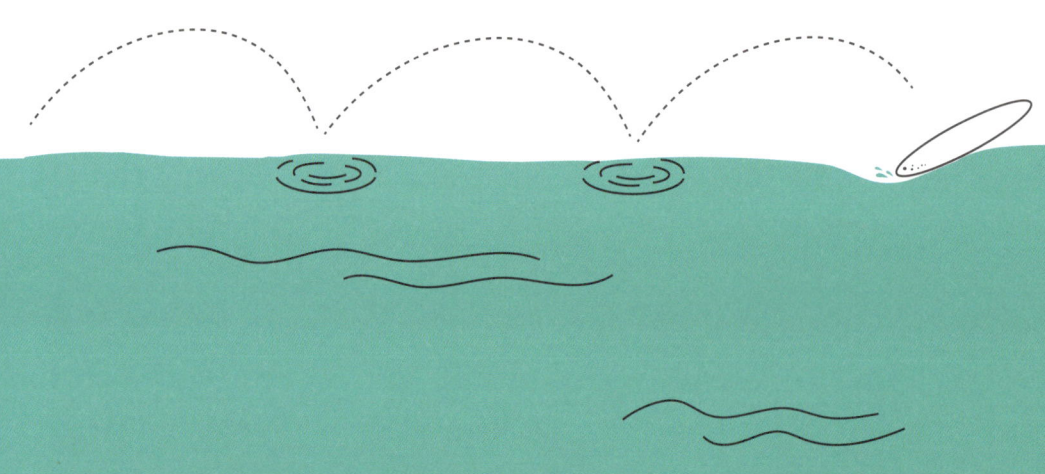

속도와 회전이 중요해

물수제비에 성공하려면 돌의 속도와 회전이 중요해요. 먼저 돌을 수면과 평행하게 던져야만 돌이 똑바로 나아가 공중에서 회전할 수 있어요. 이렇게 회전이 일어나면 돌이 계속 날아가게 되고, 엎어져서 물에 빠지는 대신 수면 근처에서 가장자리를 질질 끌며 나아가요. 공중에서도 안정적이고요. 회전하는 속도가 빠를수록 돌이 통통 튀는 횟수도 많아지죠. 예를 들어 1초에 5번 회전하는 돌은 수면 위로 5번 튀어요. 물수제비를 잘하려면 돌은 평평해야 하고 바람에 날려 경로를 벗어나지 않을 정도로 묵직해야 해요.

알고 있나요?

전 세계 최고 물수제비 기록은 88번이에요. 2013년에 커트 스타이너라는 사람이 이 기록을 세웠죠.

수상 스키를 타는 돌

물수제비뜰 때 날아가는 돌은 뒤쪽 가장자리가 수면을 따라 끌리면서 앞쪽에 물을 밀어서 조금 쌓아 둬요. 그런 다음 물의 경사면을 타고 올라가 공중으로 치솟죠. 그리고 곧 중력에 의해 돌이 밑으로 끌려 내려가면서 다시 수면을 치고, 똑같은 동작을 반복해요. 이 전체 과정은 수상 스키와 비슷해요. 통통 튈 때마다 중력이 돌을 물속 더 깊은 곳으로 끌어당기고, 물도 돌에게 더 많은 힘을 가해요. 결국, 돌은 더 이상 물 위로 치솟지 못하고 가라앉게 되죠.

알고 있나요?

2차 세계 대전 중, 영국은 '튀어 오르는 폭탄'을 이용해 멀리서 독일의 댐을 부쉈어요. 이 폭탄은 물수제비 원리에 기초한 것이있죠.

43 지구의 모든 전자 기기를 1년 동안 돌릴 수 있는 햇빛

이론적으로 지구상의 모든 동식물은 태양 빛을 통해 에너지를 얻을 수 있어요. 그러니 우리 인류는 석탄이나 석유, 천연가스 같은 화석 연료를 아예 포기해도 되죠. 태양에서 오는 에너지를 유용하게 쓰려면 전기로 바꾸어야 하는데 다행히도 그 과정은 꽤 간단해요.

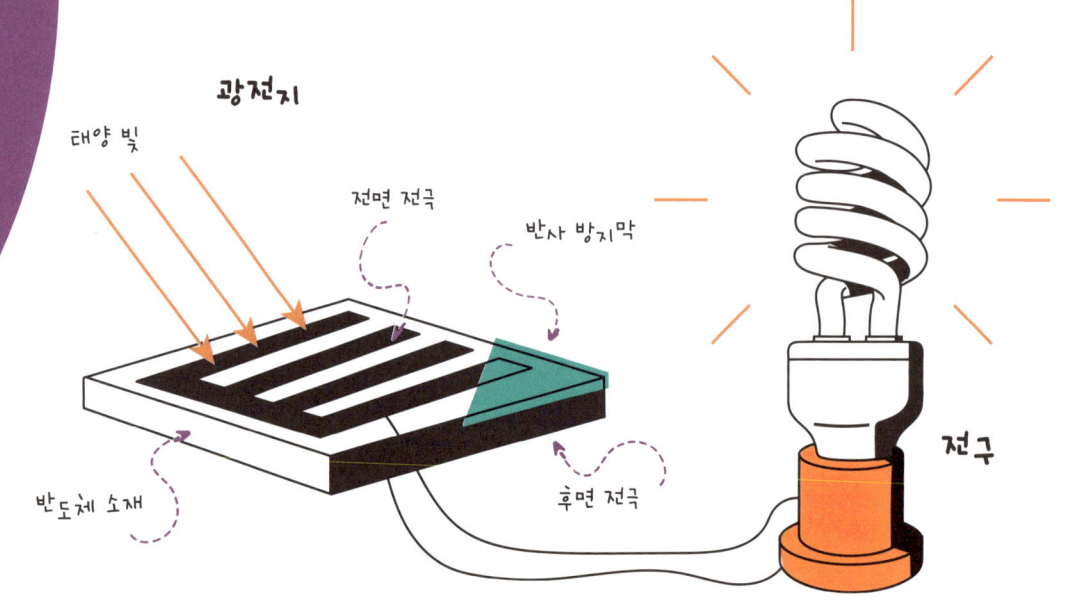

태양 빛 가두기

광전지는 태양 빛의 에너지를 유용한 전기 에너지로 바꿔요. 태양 빛의 광자를 활용해 반도체라는 특수한 소재에서 전자가 빠져나오게 한 다음, 한 방향으로 흐르게 하죠. 이 전자의 흐름이 전류를 만들어요. 이 전자가 광전지의 전면 전극으로 향하기 때문에 전면은 음전하를 띠고, 전자가 부족한 후면은 양전하를 띠어요. 전면과 후면을 전선으로 연결하면 전선을 따라 전류가 흐르죠. 이 전류를 이용해 전구에 불을 밝힐 수도 있고, 다른 곳에서 더욱 유용하게 사용하도록 전달할 수도 있어요. 전지에 저장할 수도 있고요.

빛으로 에너지를 내는

하나하나의 광전지는 작지만 여러 개가 모이면 쓸모가 많아요. 작은 광전지 모듈로는 휴대 전화를 충전할 수 있고, 더 큰 패널은 건물의 지붕에 두고 쓸 수 있죠. 또 더 큰 어레이로는 대규모 태양광 발전소를 만들 수 있어요.

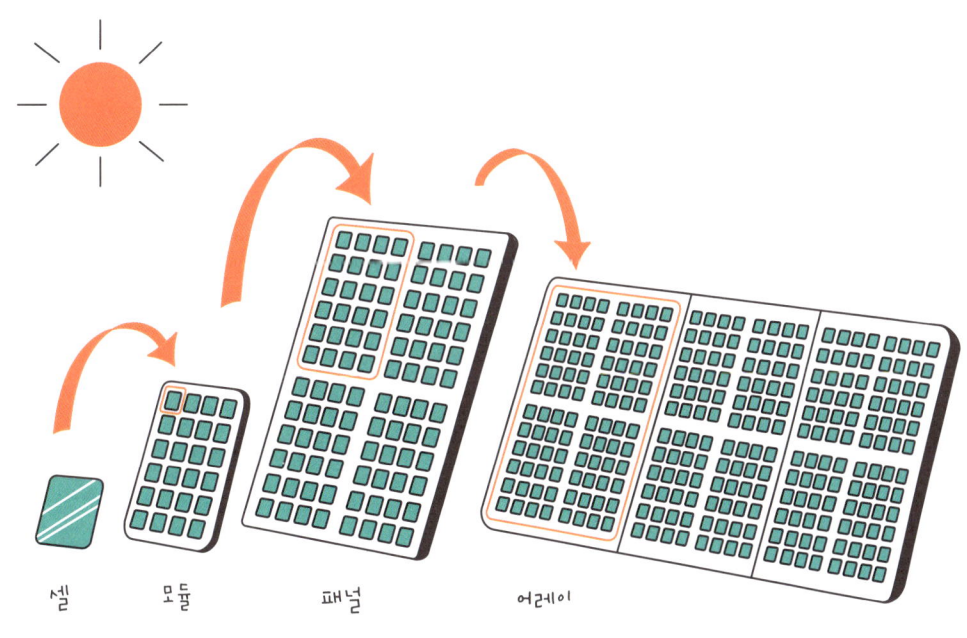

알고 있나요?

파충류도 태양을 통해 에너지를 얻어요! 햇볕의 열기가 있어야 몸을 데우고 생활할 수 있거든요(물론 살아가려면 먹이도 필요하지만). 가끔 햇볕을 쬐는 도마뱀이 보이는 건 이런 이유 때문이에요.

44 우리 몸을 스파게티처럼 늘리는 블랙홀

블랙홀 속으로 들어간다고 해서 여러분이 스파게티로 바뀌진 않아요. 하지만 여러분의 몸이 엿가락처럼 죽 늘어나서 긴 스파게티 면처럼 보이게 될 거랍니다!

진짜 '구멍'은 아니지만…

블랙홀이라고 하면 '검은 구멍'이라는 뜻이니 그 안에 아무것도 없는 텅 빈 곳이 있다고 생각할지도 몰라요. 하지만 실제로 블랙홀은 그 안에 여러 물질이 꽉꽉 눌려서 들어가 있어서 엄청나게 밀도가 높아요. 아주 작은 공간에 큰 질량을 가진 물체가 들어갔으니까요. 중력은 질량을 가진 물체들이 서로를 향해 움직이도록 하고, 블랙홀에서 가장 큰 질량을 가진 물체는 중력이 끌어당기는 힘도 가장 커요. 블랙홀에서 중력이 끌어당기는 힘은 아주 강력하므로 심지어 빛도 이곳에서 빠져나갈 수 없어요. 그래서 '검은 구멍'이라 불리는 거예요.

잡아당기는 힘

여러분이 블랙홀에 가까워지면 그곳의 중력이 여러분을 잡아당길 거예요. 그렇게 더 가까이 다가가면 중력은 강한 힘으로 여러분을 끌어당겨서 같은 몸이라도 위아래가 달라질 거예요. 예를 들어 다리부터 먼저 다가간다면 중력의 영향이 여러분의 머리보다 다리에 더 강하게 적용되어 다리가 더 빠르게 끌려 들어가요. 그 결과 다리는 점점 더 빠르게 블랙홀에 빨려 들고 머리는 그 속도를 따라잡지 못할 지경에 다다르죠. 그럼 여러분은 스파게티처럼 몸이 쭉 늘어나다가 결국 몸이 찢어질 거예요. 그러니 블랙홀 근처에는 절대 가지 마세요!

45 꿀 속에서는 헤엄칠 수 없다고?

하지만 여러분이 거대한 꿀단지에 빠진다고 해도 익사하지는 않을 거예요. 꿀이 사람의 몸보다 밀도가 높아 여러분은 꿀 위에 둥둥 뜰 테니까요. 몸을 똑바로 세운 채 누군가 구해 주기를 기다리기만 하면 돼요.

끈적이는 꿀

꿀은 점성을 가진 액체예요. 그 말은 끈적끈적해서 잘 흐르지 않는다는 뜻이랍니다. 어떤 꿀은 끈적한 게 지나쳐 거의 고체 같아서 먹으려면 칼이나 숟가락으로 떠야 할 정도예요. 반면에 어떤 꿀은 꽤 잘 흘러서 액체처럼 부을 수 있죠. 물처럼 자유자재로 흐르지는 않지만요.

점도란 어떤 액체가 흐르지 않고 저항하는 정도를 말해요. 물에는 점성이 전혀 없어요. 어딘가에 부으면 사방으로 마구 흐르니까요.

어떤 액체에 점성이 있으려면, 분자 사이의 힘이 분자를 붙들어 놓아서 분자의 층이 다른 층 위로 미끄러지지 않아야 해요. 물은 분자 사이의 힘이 작아서 물속을 걷거나 헤엄쳐도 물을 쉽게 헤쳐 나갈 수 있죠. 반면에 꿀은 분자 사이의 힘이 훨씬 강해서 헤치며 나아가기가 힘들어요. 여러분이 꿀을 헤치고 나아갈 만큼 근육의 힘이 세지 않다면, 꿀은 여러분의 몸에 달라붙어서 커다란 항력으로 잡아당길 거예요.(67쪽 참고)

꿀을 따뜻하게 데우면?

운이 좋게도 꿀단지 주변이 따뜻하다면 여러분은 혼자서 탈출할 수 있어요. 온도가 올라가면 점성(끈적이는 정도)은 낮아지거든요. 그러니 원래 어느 정도 액체 같았던 꿀이 단단하게 굳었다면 전자레인지에 돌리면 돼요. 그러면 좀 더 잘 퍼지는 성질을 갖게 될 거예요. 물론 여러분이 그 안에서 헤엄을 칠 정도는 아니겠지만요.

46 공중에 떠서 달리는 기차

마치 공상 과학 소설에서나 볼 법한 이야기 같지만, 트랙에 닿지 않고도 나아가는 열차가 있어요. 바로 '자기 부상 열차'죠. 이 열차는 트랙에서 살짝 뜬 채 움직여요. 자석을 따라 열차가 부상하며 이동하기 때문이죠.

껐다 켜지는 자석

자석이 있으면 냉장고에 붙이는 것 말고도 여러 가지 일을 할 수 있어요. 힘이 센 자석은 열차 같은 무거운 물체를 들어 올려 움직일 수도 있죠. 전자석의 경우, 냉장고에 붙이는 자석과는 달리 언제나 자성을 띠지는 않아요. 전선을 따라 전류가 흐를 때만 자기력을 갖죠. 그래서 전원이 꺼지면 전자석은 더 이상 자석이 아니에요. 전류가 만들어 내는 자기장은 전류가 흘러가는 방향과 직각으로 존재해요.

S극과 N극

자석에는 S극과 N극이 있어요. 반대 극은 서로 끌리기 때문에 N극과 S극은 서로 끌어당기죠. 반면에 같은 극은 서로 밀어내기 때문에 N극과 N극은 서로 밀쳐내요. 자기 부상 열차는 이런 밀고 당기는 움직임의 조합을 활용해 작동하죠.

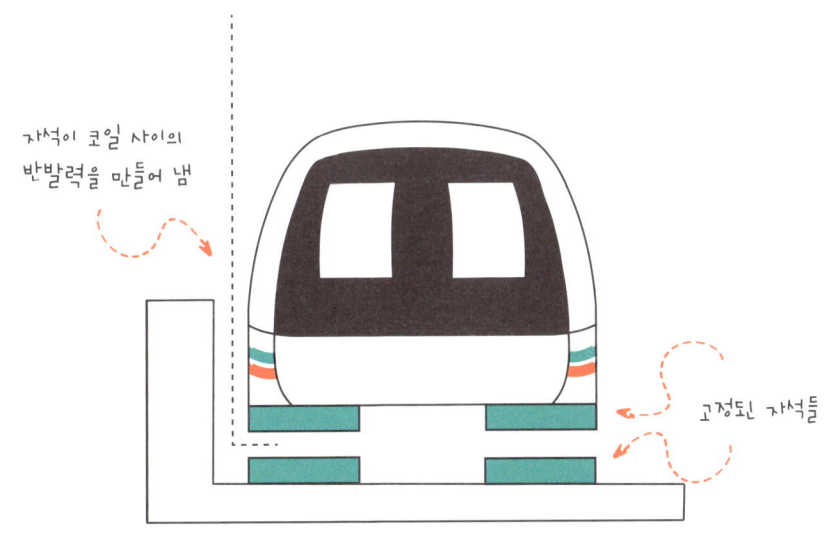

자석이 코일 사이의 반발력을 만들어 냄

고정된 자석들

밀고 당기는 힘

자기 부상 열차는 몇 가지 종류가 있어요. 예를 들어 '인덕트랙' 열차에는 강력한 자석이 열차 아랫면에 줄지어 붙어 있고 미끄럼 홈에는 금속 코일이 붙어 있어요. 코일을 따라 전류가 흐르면 자기장이 만들어지죠. 그러면 코일과 고정된 자석 사이의 자기적인 반발력에 의해 열차가 미끄럼 홈 위에 계속 떠 있게 돼요.

그리고 열차와 미끄럼 홈의 옆면에는 더 많은 자석과 코일이 줄지어 붙어 있죠. 이때 전류의 방향을 바꾸면 자기장이 바뀌어서 열차를 밀고 당기며 앞으로 나아가게 해요. 이 자기 부상 열차는 마찰력 때문에 속도가 느려지지도 않고 트랙을 따라 바퀴가 구르는 다른 열차들처럼 차체가 어딘가에 부딪히거나 흔들리지도 않아요. 보통의 다른 열차들에 비해 조용하고 빠른데다 더 편리하죠.

47 얼음이 물에 뜨지 않았다면 우리도 여기 없었을 것이다

대부분의 다른 물질과는 달리 물은 고체일 때 액체보다 밀도가 낮아요. 물이 든 컵에 얼음이 동동 뜨거나 바다 위에 빙산이 뜨는 건 바로 이런 이유 때문이죠. 물이 밀도가 가장 높을 때의 온도는 놀랍게도 4℃랍니다!

얼음 담요 아래

얼음이 물에 가라앉는다면, 얼어붙을 만큼 차가운 강이나 호수, 바다는 밑바닥부터 얼 거예요. 그 대신 물은 4℃일 때가 가장 밀도가 높아서 이 온도의 물이 바닥에 가라앉고, 얼음층은 위에 떠요. 얼음층은 바깥의 차가운 공기로부터 아래쪽 물이 얼지 않게 막아 주죠. 이렇게 얼음층 아래에 액체 상태의 물이 있어서 물고기를 비롯한 다른 생물들이 살아갈 공간이 생겨요. 먼 과거에 몹시 추운 시기에는 지구의 표면 전체가 얼어붙었던 적이 있어요. 이때를 '눈덩이 지구' 시기라고 하죠. 다행히 이때도 얼어붙은 표면 아래에 물이 남아 있어서, 충분히 따뜻한 이곳에서 상황이 나아질 때까지 생물들이 살아남을 수 있었어요.

절연체와 도체

절연체는 열에너지의 이동을 느리게 하거나 막아요. 따뜻한 코트나 장갑은 절연체를 활용하는 물건들이죠. 천이 절연체 역할을 하니까요. 천은 여러분의 몸 근처의 공기층을 가두는데, 공기 역시 훌륭한 절연체랍니다. 반면에 열의 도체는 열이 도체 자신을 통과해 흐르도록 해요. 예를 들어 금속이 그렇죠. 아무리 상온에 있어도 금속을 만지면 차가움이 느껴지는데, 그건 금속이 여러분의 몸에서 빠르게 열을 가져가기 때문이에요. 그러니 상온에서 손으로 만져 보기만 해도 어떤 물질이 열의 절연체인지 도체인지 알 수 있죠. 천처럼 따뜻하면 절연체이고 금속처럼 차가우면 도체예요.

48 금성의 하늘은 오렌지색이라고?

지구에서 하늘을 보면 푸른색으로 보이죠. 하지만 다른 곳에서는 푸른색이 아닐 수도 있답니다. 예를 들어 금성에서는 하늘이 오렌지색과 노란색을 섞은 것처럼 보이죠. 화성에서는 분홍색으로 보이고요.

하늘을 올려다보면…

어떤 행성에 '하늘'이 있으려면 대기가 필요해요. 대기란 그 행성을 둘러싸고 있는 기체의 층을 말하죠. 대기가 없으면 머리 위를 올려다봐도 그저 검은색 우주 공간에 별이 떠 있거나 태양이 빛날 뿐일 거예요. 실제로 대기가 없는 달이나 수성에서는 하늘이 이렇게 보이죠.

하늘이 노란색이라고?

태양 빛은 흰색처럼 보이지만 사실은 붉은색에서 보라색에 이르는 여러 스펙트럼의 색들로 이루어져 있어요(38쪽 참고). 빛은 에너지의 파장이 되어 이동하는데, 붉은색은 파장이 가장 길고 푸른색과 보라색은 파장이 가장 짧아요. 지구의 대기는 대부분 질소와 산소로 이루어져 있는데 둘 다 작은 분자를 갖고 있죠. 파장이 긴 빛은 이런 분자들에 그렇게 방해를 받지 않아요. 반면에 파장이 짧은 푸른색 빛은 방해를 받아 여기저기로 튕겨 나가죠. 이것을 '산란'이라고 해요. 지구의 하늘이 푸른빛으로 보이는 건 이런 이유 때문이랍니다.

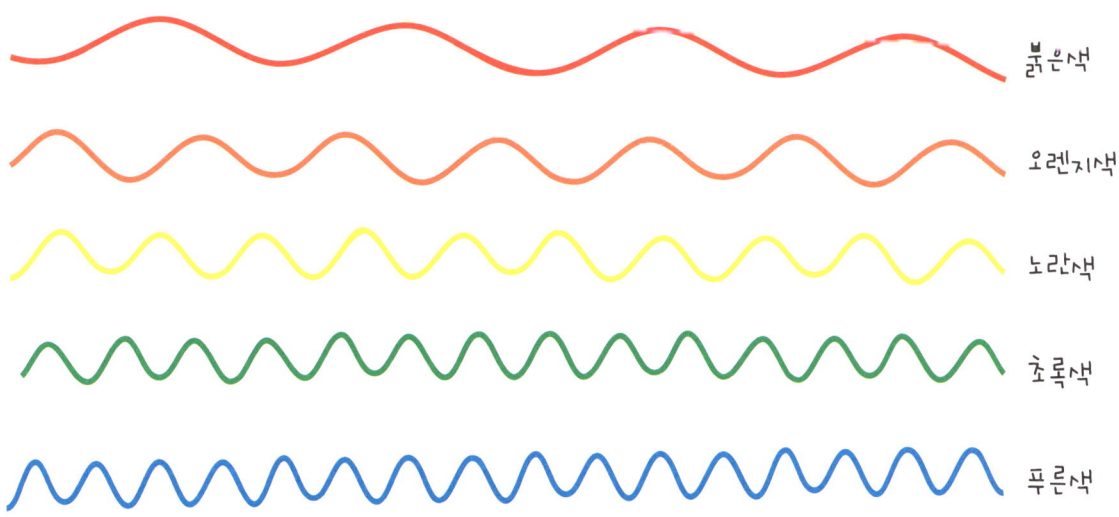

금성의 대기는 대부분 이산화 탄소로 이루어져 있어요. 그리고 여기에는 짙은 황산 구름이 많이 끼어 있죠. 화성은 대기는 희박하지만 먼지가 많답니다. 이런 구름과 먼지는 입자가 커서 다른 기체와는 다른 방식으로 빛을 산란시켜요. 파장이 짧은 빛이 더 큰 영향을 받죠. 금성에서는 빛 스펙트럼에서 오렌지색과 노란색 영역의 빛이 가장 많이 산란되기 때문에 하늘이 전체적으로 오렌지빛으로 보여요. 화성의 하늘은 낮에는 분홍빛을 띤 붉은색으로, 해가 질 때는 푸른색으로 보인답니다!

49 소리보다 빠른 비행기

쾅쾅! 날아가는 비행기에서 요란한 소리가 들린다면 그건 사고가 나서가 아니에요. 그저 소리의 속도보다 더 빠르게 날아가고 있을 뿐이랍니다! 이런 초음속(소리보다 속도가 빠른) 비행기는 소리의 속도에 도달했을 때 소닉 붐(음속 폭음)이라는 소리를 내죠. 소리의 속도는 초속 343m, 또는 시속 1,234km랍니다.

퍼져 나가는 소리

비행기가 날아갈 때는 비행기의 앞과 뒤를 따라 압력파가 퍼져 나가요. 보트가 지나가면 보트의 앞뒤에 물살이 퍼지는 것과 비슷하죠. 이때 비행기가 빠르게 날아가면, 그림처럼 앞쪽의 파장들이 점차 가까워져서 다른 파장을 피하지 못해 부딪힐 수밖에 없어요. 그러면 소리의 형태로 에너지를 방출하죠. 이 소리는 마치 천둥이나 대포 소리처럼 들린답니다.

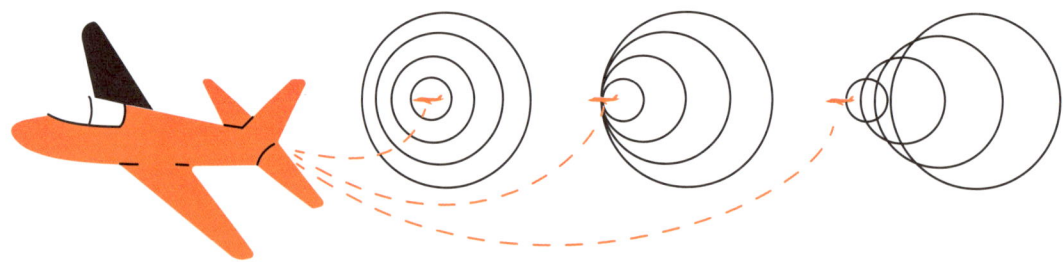

폭발음은 항상 잘 들릴까?

지상에 있는 누군가가 초음속 비행기가 지나가는 동안 큰 폭발음을 들을 수는 있지만, 비행기가 초음속으로 날아갈 때는 압력파가 지속적으로 발생해 충돌하기 때문에 항상 소리가 잘 들리는 건 아니에요. 특정 위치에 있을 때는 소리가 들리지만 다른 곳에 있는 사람들은 다른 시간에 그 소리를 듣죠. 비행기가 소리보다 더 빨라서 쾅쾅 하는 소리가 들리기도 전에 머리 위로 비행기를 볼 수 있답니다.

알고 있나요?

서커스의 단장이 채찍을 휘두를 때 채찍의 끄트머리는 매우 빠르게 움직여요. 그래서 소리의 속도를 넘기도 하죠. 채찍에서 휙휙 소리가 나는 건 바로 이런 이유 때문이랍니다.

50 우주의 대부분은 완전한 비밀에 싸여 있다

우리 몸을 포함해 사물을 구성하는 보통의 물질은 우주 전체의 4%밖에 되지 않아요.
나머지 96%는 '암흑 물질' 또는 '암흑 에너지'라고 알려져 있답니다.
과학자들은 여기에 대해 거의 아는 바가 없어요.

암흑 물질이 뭔데?

은하가 얼마나 빨리 도는지를 알면 은하의 질량을 계산할 수 있어요. 하지만 과학자들이 실제로 여러 은하를 관측한 결과, 계산된 질량은 우리가 예상했던 질량에 비해 약 5배나 더 많았답니다. 과학자들은 이 놓쳤던 질량을 '암흑 물질'이라고 불렀죠. 우리가 직접 볼 수 없는 물질이었으니까요(단지 우주 공간의 어둠만이 보일 뿐이었죠). 암흑 물질이 존재할 경우, 무언가 거기 있다는 사실은 알아도 정확히 그게 무엇인지는 알 수 없어요. 암흑 물질 가운데 일부는 빛을 만들어 내거나 반사하지 못하는 물체일 수도 있어요. 빛을 낼 정도로 충분히 커지지 못한 별이라든가 연료를 다 사용하고 타 버린 블랙홀 같은 것이 그런 예죠. 하지만 전부 다 그렇다기에는 암흑 물질의 양이 너무 많아요. 어쩌면 우리가 아직 발견하지 못한 무언가가 있을지도 모르죠.

서로 밀어내는 힘

지금까지의 이야기도 흥미로웠겠지만, 더 신기한 이야기가 있어요. 우주에서 더 많은 부분을 차지하는 이상한 에너지가 있다는 사실이 밝혀졌거든요. 우리가 아는 정상적인 물질과 암흑 물질을 전부 합쳐도 우주 전체의 약 28%밖에 되지 않는답니다. 나머지 약 72%는 또 다른 무언가가 있다는 거죠. 과학자들은 그것을 '암흑 에너지'라고 불러요. 이것은 은하들이 서로 멀어지도록 밀어내서 우주가 점점 팽창하도록 하는 힘을 의미해요. 맞아요! 실제로 우리 우주는 점점 바깥쪽으로 팽창하고 있답니다!

51 풍선으로 머리카락 세우기

풍선을 털실이나 아크릴 섬유로 짠 스웨터에 문지른 다음 머리에 가까이 가져가면 머리카락이 풍선에 달라붙을 거예요. 풍선의 표면에 정전기가 쌓였기 때문이랍니다.

정전기와 관련된 역사적인 이야기

과학자 스티븐 그레이는 1729년에 정전기의 존재를 실험으로 처음 증명했어요. 한 소년을 명주실 끈으로 매단 다음 정전기로 전기를 띠게 하였고, 종이 조각이나 재가 이 소년의 피부에 튀어 오르듯 달라붙는 모습을 보여 줬죠(이 실험이 소년에게 해를 입히지는 않았어요).

전지가 없어도 전기를 일으킨다고?

여러분은 이미 정전기에 익숙할지도 몰라요. 금속을 만질 때 손에 살짝 찌릿한 느낌이 있거나 풍선에 머리카락이 붙은 적이 있다면 이미 정전기를 경험한 셈이에요.

정전기는 어떤 물체의 표면을 서로 문질렀을 때 전자가 한 표면에서 떨어져 나와 다른 표면에 쌓이면서 만들어져요. 이때 여분의 전자가 있는 표면은 음전하를 띠게 돼요. 전자는 약간의 음전하를 조금씩 실어 나르기 때문이죠. 풍선의 표면에 정전기가 쌓이면 머리카락이 풍선에 끌리는 건 왜일까요? 머리카락에는 음전하가 적어서 풍선 쪽으로 끌려 가기 때문이에요.

도체와 절연체

전기가 통하는 물질은 전자가 그 물질을 쉽게 통과해 이동하도록 해요. 반면에 절연체는 전기가 흐르지 않게 하죠. 예를 들어 그레이의 실험에서 명주실 끈은 절연체였기 때문에 소년의 몸에서 끈을 통해 전기가 빠져나가는 일은 없었죠. 반면에 도체를 서로 연결하면 먼 거리까지 전기를 실어 나를 수 있어요. 정전기든 아니면 여러분의 집에서 사용하는 주전력이든 말이에요.

52 지구에서 점점 멀어지는 달

물론 달이 어느 날 갑자기 자취를 감추진 않겠지만, 천천히 조금씩 우주 공간으로 멀어지고 있어요.

달은 화성 크기의 행성이 지구와 충돌하던 45억 년 전에 처음 형성되었어요. 충돌 당시에는 엄청난 혼란이 있었지만, 점차 안정되면서 부서진 조각들이 한데 모여 달을 이루게 되었죠. 이 시기에 달과 지구와의 거리는 2만 4,000~3만 2,000km밖에 되지 않을 만큼 아주 가까웠어요. 꽤 먼 것 같지만, 사실 뉴욕에서 싱가포르까지 왕복으로 왔다 갔다 하는 정도의 거리랍니다.

오늘날 달은 지구와 38만 6,000km 떨어져 있답니다. 처음과 비교하면 10배에서 15배는 더 멀어졌죠. 달은 초창기에는 엄청난 속도로 지구와 멀어졌어요. 첫 5억 년 동안 11만 km, 즉 1년에 22cm 멀어질 정도였죠. 하지만 이 속도는 점차 느려져서 이제는 1년에 3.8cm 정도로 조금씩 멀어지고 있답니다. 여러분이 90살까지 산다면 달은 여러분이 태어났을 때보다 3.4m는 더 멀어지는 셈이에요.

53 지금보다 조금 더 컸던 공룡 시대의 달

지구상에 공룡이 돌아다니고 있을 무렵 달은 지구와 더 가까웠어요. 당시에 하늘에 뜬 달을 볼 수 있는 사람이 있었다면(실제로는 없었지만), 뜨거운 용암(녹은 암석)이 빛을 내는 거대한 붉은 구체처럼 보였을 거예요. 마치 화산이 분출하는 것처럼요.

54 자기 혼자 통통 튀는 용수철

'슬링키'라는 용수철 장난감이 있어요. 계단에서 살짝 밀어 떨어뜨리면 통통 튀며 계단을 혼자 내려가죠. 하지만 편평한 땅에서는 결코 이렇게 움직이지 않아요. 슬링키는 움직이지 않을 때 저장된 위치 에너지를 운동 에너지로 바꾸면서 계단을 통통 내려가기 시작해요. 운동 에너지의 관성이 이 용수철 장난감을 계속 움직이게 하죠!

멈추지 않아!

관성이란 질량과 속도로 이루어진 힘이에요. 일단 움직이기 시작한 물체가 계속 움직이도록 만들죠. 어느 정도의 속도를 갖고 움직이는 무거운 물체는 완전히 멈출 때까지 계속 움직일 거예요. 지구에서는 이러한 물체들이 공기 저항이나 지면과의 마찰력에 의해 결국 멈추게 되죠. 중간에 장애물을 만나지 않는다면요. 자동차에 타면 안전벨트를 매는 것도 이 때문이랍니다. 자동차가 갑자기 멈추거나 어딘가에 충돌하면, 자동차 안의 고정되지 않은 물체와 안에 탄 사람은 관성 때문에 계속 가던 방향으로 움직이려고 할 거예요. 그러니 안전벨트를 매지 않으면, 안에 탄 사람은 계속 움직이다가 자동차 내부의 어딘가에 부딪혀서 다치고 말겠죠.

슬링키가 통통 튀면서 계속 계단 아래로 내려가는 것도 같은 이유 때문이에요. 관성 때문에 슬링키는 계단 하나에 잠깐 멈춰서 납작해졌다가도 휘릭 뒤집히면서 다음 계단으로 계속 통통 튀며 내려가죠. 중력이 이 장난감을 계속 끌어당기기도 하지만 계단 맨 위에서 처음 내려가려면 살짝 밀면서 떨어뜨려야 해요. 그러다가 편평한 지면에 닿으면 슬링키는 멈춰요. 더는 내려갈 곳이 없거든요! 하지만 경사면이나 언덕의 비탈길을 만나면 다시 중력이 끌어당겨서 슬링키가 움직일 거예요.

55 초록색 태양

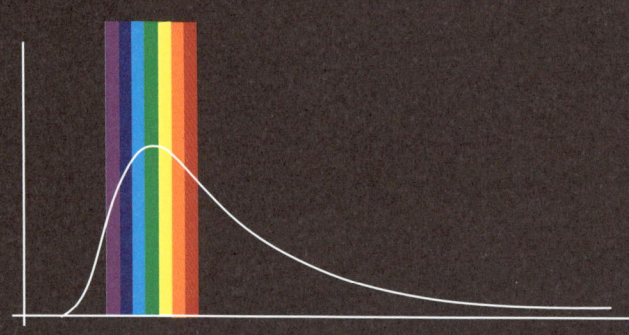

여러분은 결코 태양을 똑바로 바라볼 수 없어요. 하지만 태양이 초록색이 아니라는 건 알죠. 태양은 빛의 스펙트럼을 따라 흰색으로 보이는 빛을 내보내고 있으니까요. 하지만 사실은 초록색에 가까운 빛을 내보내고 있답니다.

별은 정말 흰색일까?

밤하늘을 올려다보면 별은 다 흰색으로 보여요. 하지만 천문학자들의 연구 결과에 따르면 그중 몇몇은 붉은색이고, 몇몇은 노란색, 오렌지색, 푸른색이랍니다. 별이 어떤 색으로 보이는지는 가장 많은 부분을 차지하는 파장에 달려 있어요. 다시 말해 그 별이 가장 많이 방출하는 빛의 파장이 무엇인지에 따라 다르죠. 그리고 별이 얼마나 뜨거운지에 따라서도 달라요. 가장 온도가 낮은 별은 붉은색이에요. 이보다 조금 더 뜨거우면 오렌지색이고, 가장 뜨거운 별은 푸른색이랍니다.

우리에게 보이는 태양의 색

태양은 온갖 색깔의 빛을 내보내요. 그 가운데 초록색이 가장 흔하기는 하지만 우리가 그 초록빛을 눈으로 볼 수는 없답니다. 우리 눈이 작동하는 방식 때문이죠. 우리의 눈은 모든 빛깔의 색을 한데 섞어서 흰색으로 만들어요. 태양이 초록색으로 보이려면 초록색의 빛만을 방출해야 할 텐데 그렇지 않으니 태양은 초록색으로 보이지 않아요.

56 언젠가 태양이 지구를 삼킬 거라고?

하지만 앞으로 수십억 년 동안은 그러지 않을 거예요. 태양은 초신성이 되기에는 크기가 너무 작아요. 대신에 태양은 점점 부풀어 올라 수성, 금성 그리고 우리 지구를 집어삼킬 만큼 커질 거예요. 그러면 지구의 바다는 펄펄 끓어 증발해 사라지고 살아 있는 모든 생명체는 타 죽겠죠.

태양의 색이 바뀐다고?

이때 태양은 지금보다 훨씬 커지고 동시에 차가워질 거예요. 태양에서 수소 연료가 바닥이 나면서 흰색이 아닌 붉은색 빛을 뿜기 시작하죠. 그리고 마침내 너무 차가워진 나머지 전혀 빛을 내지 않는 상태가 될 거예요. 우주 공간에서 외로이 떠도는 차갑고 어두운 덩어리로 남게 되죠.

57 우리는 날씨를 예측할 수 없다

우리는 날씨 예보를 듣고 그날의 계획을 세우지만, 그럴 때마다 예보는 꼭 엇나가곤 하죠. 사실 그건 놀라운 일이 아니에요. 날씨를 예측하는 일은 놀랄 만큼 복잡하기 때문이죠. 며칠 뒤의 날씨를 미리 정확하게 알아내는 것도 불가능에 가까워요.

카오스가 중요해

기후는 과학자들이 '카오스 시스템'이라 부르는 것의 한 예시랍니다. 원래 '카오스'란 무질서한 상태를 뜻하죠. 여러분이 방을 제대로 정리하지 않으면 방은 카오스적인 상태가 될 테고 여러분이 찾고자 하는 물건을 찾기란 불가능할 거예요. 하지만 과학자들이 말하는 '카오스'는 완전히 무질서한 상태를 의미하지는 않는답니다. 대신 아주 복잡한 시스템이어서 변수(변화하는 어떤 것)가 무척 많아 우리가 그 모든 변수를 고려해 믿을 만한 예측을 하기가 사실상 불가능한 그런 시스템을 가리켜요.

나비와 폭풍우

이처럼 기후 시스템이 지닌 카오스적인 속성에 대해, 사람들은 나비 한 마리가 날개를 퍼덕이면 지구 반대편에서는 폭풍우가 칠 수 있다는 식으로 이야기해요. 물론 나비가 폭풍우를 일으키지는 않죠. 단지 작은 변화가 엄청난 영향을 미칠 수 있다는 것을 말하고자 이렇게 빗댄 거예요. 수학자 에드워드 로렌츠는 이를 '나비 효과'라고 불렀어요.

날씨를 한번 예측한 다음 다시 한번 예측해 보니 완전히 다른 결과가 나왔다는 거예요. 거의 똑같은 데이터를 사용했지만, 소수점 두어 자리만 바꿔서 입력했을 뿐인데(그러니 100분의 1 자리까지는 똑같은 숫자인데) 결과는 달라졌죠. 이렇듯 작은 변화만으로도 날씨 예보를 완전히 바꿀 수 있다는 것을 보여 줘요.

58 영원히 남는 달 표면의 발자국

그동안 달에 발을 디뎠던 12명의 우주 비행사는 달의 표면에 발자국을 남겼어요(쓰레기와 여러 장비도 남기긴 했지만). 이 발자국은 아주 오랜 시간 동안 남을 예정이랍니다. 달에는 바람이 불지 않아 발자국 위에 먼지가 쌓이지도 않을 뿐더러 달 내부에 어떠한 움직임도 일어나지 않아 표면이 바뀔 일도 없으니까요.

바람과 비

지구에서는 먼지, 모래 또는 마른 흙 속에 남은 발자국이 빨리 사라져요. 바람에 실려 온 무언가가 발자국 위에 쌓이거나 이미 있던 것이 바람에 날려 사라지죠. 비라도 내리면 발자국은 더 빠르게 사라질 수 있어요. 하지만 달에는 바람도, 비나 폭풍우도 없답니다.

조용한 달

지구는 아주 활기 넘치는 곳이에요. 대륙은 계속해서 움직이는 중이고, 화산 폭발을 통해 지구 표면에는 새로운 암석이 쌓이고 있죠. 이 암석은 몇억 년에 걸쳐 꾸준히 순환하고 있답니다. 지구 내부에서 암석이 녹아 마그마가 되어 이리저리 움직이고 지표면으로 뿜어 나오기도 하기 때문이에요. 하지만 달에는 이런 내부 활동이 없어요. 달은 죽은 듯 조용하고 차갑죠. 화산이 폭발해 새로운 암석을 만들어 내지도 않으니 우주 비행사들의 발자국이나 그들이 남기고 간 탐사 장비가 그대로 남아 있어요. 달 표면이 크레이터로 덮여 있지만, 지구의 표면은 그렇지 않은 것도 그런 이유 때문이죠. 그동안 지구에는 많은 소행성과 유성이 부딪쳤지만, 그 흔적은 암석이나 먼지에 덮여서 보이지 않아요.

흔적이 사라지려면…

달에 남은 인류의 흔적을 지우려면 소행성이 달과 충돌하는 수밖에 없어요. 그러면 흔적이 아예 파괴되거나 먼지와 암석으로 뒤덮일 테니까요. 그렇지 않으면 그 흔적은 앞으로 수백만 년 동안 계속 남아 있을 거예요.

59 언덕을 오르면 우리 몸에 에너지가 더 생긴다고?

여러분이 언덕을 오르면 근육에서 무언가 일을 하면서 몸이 열기를 만드는 것처럼 느껴져요. 꽤 많은 에너지가 들어가는 것처럼 느껴지는 활동이죠. 이런 유형의 에너지를 '위치 에너지'라고 해요.

 에너지의 여러 유형

과학자들은 일할 수 있는 능력을 에너지라고 불러요. 에너지에는 4가지 유형이 있죠. 예를 들어 자동차는 연료를 태워 방출된 화학 에너지를 이용하거나 전지에서 나온 전기 에너지를 이용해 앞으로 나아가요. 자동차는 화학 에너지나 전기 에너지를 운동 에너지로 변환하죠. 이 과정에서 일부 에너지는 열기가 되어 사라져요. 에너지를 낭비하지 않는 완벽하게 효율적인 시스템은 없기 때문이에요. 그리고 위치 에너지도 있어요. 어떤 활동을 할 수 있는 가능성을 말하죠. 예를 들어 꾹 눌려서 압축된 용수철에는 위치 에너지가 있어요. 활에서 당겨져 목표물에 날아갈 준비를 마친 화살에도 위치 에너지가 있고요. 화살이 발사되면, 위치 에너지는 운동으로 전환되어 화살을 앞으로 이동시켜요. 여러분이 언덕을 오를 때도 위치 에너지가 생겨서 데굴데굴 굴러떨어질 수 있답니다!

60 걷는 것보다 에너지를 더 적게 사용하는 자전거 타기

자전거를 타면 걷는 것보다 힘들게 운동하는 듯한 기분이 들죠. 특히 여러분이 자전거를 타고 언덕을 올라간다면 더욱 그래요. 하지만 사실 자전거는 아주 효율적인 기계 장치랍니다. 그래서 근육을 통해 약간의 에너지만 사용해도 그 에너지의 대부분이 자전거의 움직임으로 바뀌어요.

1시간 동안 자전거를 타면 1시간 동안 걷는 것보다 더 많은 에너지를 사용하게 돼요. 하지만 이동한 거리는 훨씬 더 멀죠. 그러니 1km라는 정해진 거리를 자전거로 가는 것과 걸어서 가는 것을 비교하면, 자전거를 탔을 때 더 적은 에너지를 사용해요.

61 최초의 공기 부양선은 통조림 캔과 진공청소기로 만들어졌다고?

공기 부양선을 처음 발명한 크리스토퍼 코커럴은 커피를 담았던 캔과 고양이 먹이를 담았던 캔, 저울, 헤어드라이어를 사용해 임시로 작동하는 모델을 만들었다고 해요.

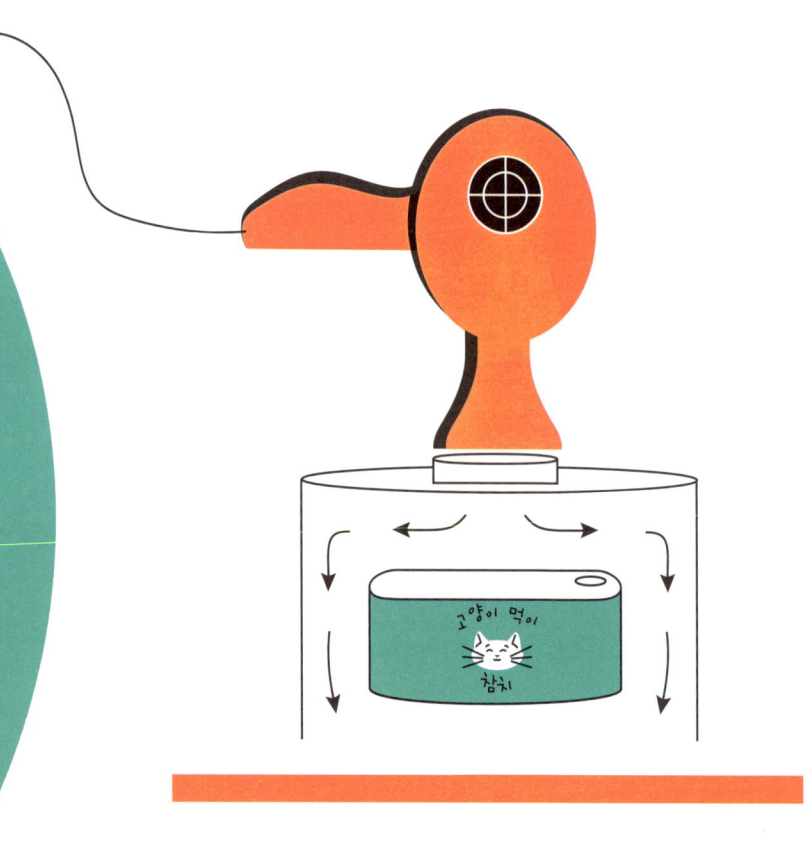

공중을 걷는 부양선

공기 부양선은 엔진으로 날개를 돌려 부양선 아래쪽에 공기쿠션을 만들어요. 그러면 부양선은 수면 위로 밀려 올라가 떠오르죠. 부양선에는 마치 비행기의 프로펠러 같은 여러 개의 날개가 있어서 부양선이 물살 위를 지나가나 심지어 땅 위로 떠서 지나가도록 해요.

저항을 거의 받지 않는 부양선

공기 부양선은 물 위를 아주 효율적으로 이동하는 장치예요. 물 위를 움직일 때는 저항이 거의 없기 때문이죠. 저항은 기계 장치가 물이나 공기를 뚫고 지날 때 장치의 속도를 느리게 만들어요. 보트, 비행기, 심지어 자동차에도 저항이 가해지죠. 그래서 물이나 공기를 뚫고 지나가는 탈것은 보통 '유선형'으로 만들어져요. 그러면 물이나 공기가 장치 위로 부드럽게 흘러가 저항이 작아지죠. 반면에 공기 부양선에는 물의 저항이 가해지지 않아요. 물살을 가르며 이동하는 대신 그 위로 떠서 움직이기 때문이죠.

어떻게 작동할까?

먼저 거대한 송풍기에서 공기 부양선의 내부 공간으로 공기가 흘러들어 와요. 부양선 밑바닥에는 고무 덮개가 있어서 공기 대부분을 부양선의 아래쪽에 가두어 놓죠. 그러면 부양선은 마치 풍선처럼 변해서 물살이나 지표면 위를 떠서 움직일 수 있어요.

62 지구에서 보는 지구의 지평선, 달에서 보는 달의 지평선

여러분이 탁 트인 들판이나 바닷가에 서 있다면 지평선이 보일 거예요. 맑은 날에는 약 5km 뒤에 지평선이 보이죠. 하지만 달에서는 지평선까지의 거리가 약 2.4km밖에 되지 않아요. 달이 지구보다 크기가 작아서 그 곡면이 여러분의 시선에서 더 빨리 사라져요.

언덕에서 더 멀리 바라보기

여러분이 언덕 위에 서면 더 멀리까지 보일 거예요. 예를 들어 에베레스트산 꼭대기에 오르면 370km 앞까지 보여요. 이런 점 때문에 먼 옛날 고대 그리스 사람들조차도 지구가 평평하지 않다는 사실을 알았답니다. 만약 평평하다면 아무리 높이 올라간다 해도 더 멀리 내다보이진 않을 거예요. 게다가 어떤 구조물의 아래쪽은 보이지 않은 채 위쪽만 지평선 위로 불쑥 보이는 현상도 설명할 수 없겠죠.

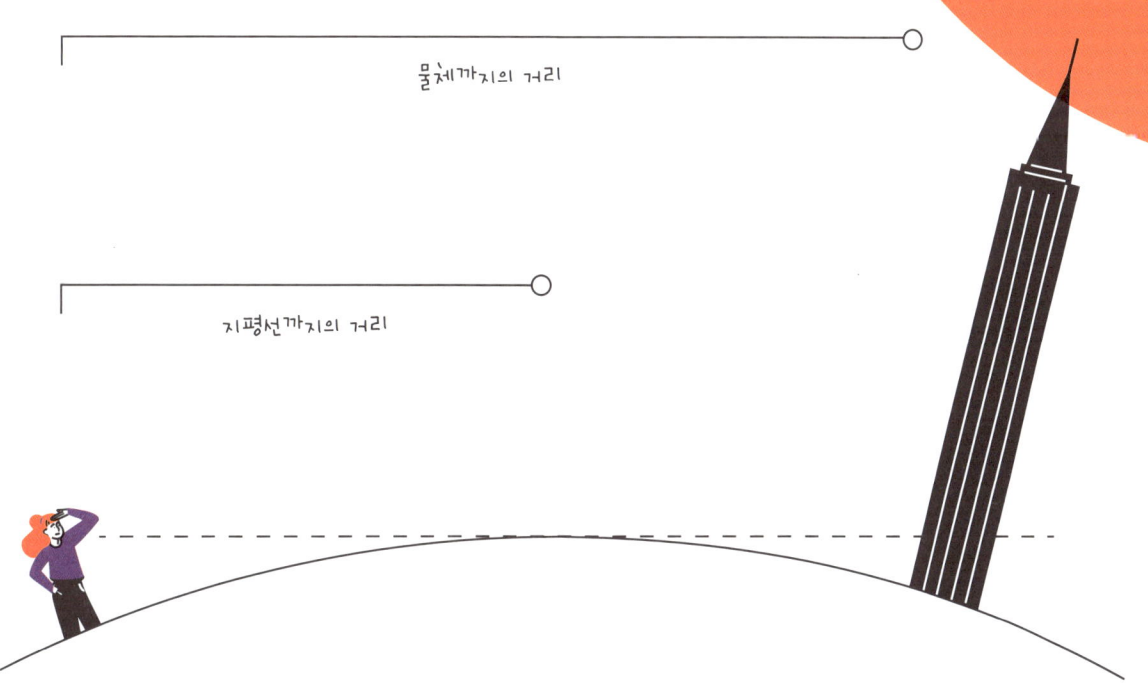

하루에 일몰을 두 번 볼 수 있다고?

여러분이 지면의 높이가 낮은 곳(예를 들어 바닷가)에서 일몰을 구경하고 난 다음 높은 곳으로 후다닥 달려가면, 일몰을 한 번 더 볼 수도 있어요. 높이 올라갈수록 더 멀리 보이기 때문에 하늘에 낮게 뜬 태양을 또 볼 수 있는 거죠. 실제로는 태양이 이동하는 게 아니라 지구가 태양으로부터 멀어지고 있지만요.

63 기우뚱하게 기울어진 지구

지구는 우주 공간에 똑바로 서 있는 게 아니에요. 살짝 기울어져 있죠. 북반구와 남반구에 여름과 겨울이 생기는 것도 바로 이런 이유 때문이랍니다.

한 바퀴 돌면 1년

지구는 매일 자전축을 따라 한 바퀴 회전해요. 그러면 하루가 지나죠. 동시에 지구는 태양 주변을 공전하고 있어요. 지구가 태양 주변을 완전히 도는 데는 1년이 걸린답니다.

기우뚱한 지구

지구는 북극과 남극 사이의 가상의 선(축)을 중심으로 자전해요. 그런데 이 축은 지구가 태양 주위를 도는 경로와 비교했을 때 살짝 기울어져 있죠. 그래서 지구가 태양 주위를 도는 동안 지구의 위쪽과 아래쪽(북반구와 남반구)은 태양 쪽에 조금 더 가까이 기울거나 좀 더 멀어져요. 여러분이 있는 곳이 태양을 향해 가까이 기울어 있다면 여름이라 낮이 조금 더 길어져요. 반면에 여러분이 있는 곳이 태양에서 조금 더 멀어지도록 기울었다면 겨울이 되어 낮이 짧아지죠. 하지만 지구 한가운데를 가로지르는 가상의 선인 적도에서는, 1년 내내 낮과 밤의 길이가 거의 같고 여름과 겨울이라는 계절도 뚜렷이 구별되지 않는답니다.

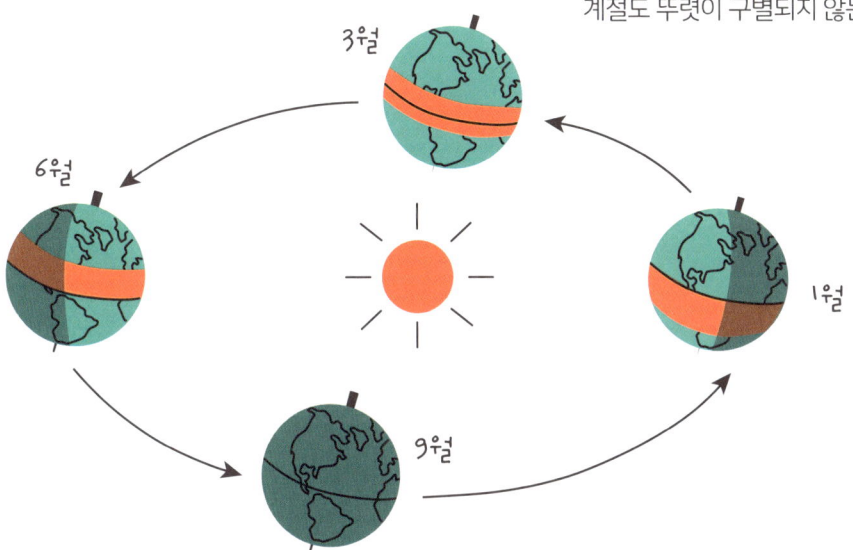

균형이 무너지면 생기는 일

지구가 만들어질 때는 이렇게 기우뚱하지 않고 똑바로 선 채였어요. 즉, 북극과 남극을 잇는 선이 지구가 태양 주변을 도는 경로와 직각을 이루고 있었죠. 하지만 먼 옛날 지구에 대규모 충돌 사고가 벌어지면서 이 축이 기우뚱하게 기울었고 동시에 달이 생겨났답니다(92쪽 참고).

109

64 뻥 뚫려 있더라도 계속 밑으로 떨어질 수는 없는 지구

인류는 지금껏 지구의 가장 위쪽 층인 지각조차 완전히 뚫은 적이 없답니다. 그러니 지구를 완전히 관통하는 구멍은 어림도 없죠. 설사 그런 구멍을 뚫었다 해도 여러분이 그 구멍에 빠지면 지구 반대편까지 떨어지는 대신 한가운데에서 멈추게 될 거예요.

지구의 한가운데

지구의 중력은 모든 사물을 지구 전체 질량의 중심점인 한가운데를 향해 끌어당겨요. 만약 지구를 관통하는 구멍이 생겨 여러분이 구멍에 빠진다면 이 중심점까지는 떨어질 수 있지만, 반대편으로 당기는 힘이 없어 그 자리에 머무르게 될 거예요. 지구 한가운데의 중력의 힘도 무척 커서 떨어진 방향으로 다시 빠져나오기도 절대 쉽지 않을 테고요.

65 완벽한 구가 아닌 지구

그렇다고 지구가 편평한 건 아니랍니다! 살짝 위아래가 눌린 '납작한 회전 타원체'이죠. 그래서 적도 근처의 둘레는 극과 극을 지나는 둘레에 비해 더 크고 통통해요. 여러분이 적도에 서 있으면 남극이나 북극에 서 있는 것보다 지구 중심에서 21.4km 정도 더 멀리 떨어져 있답니다.

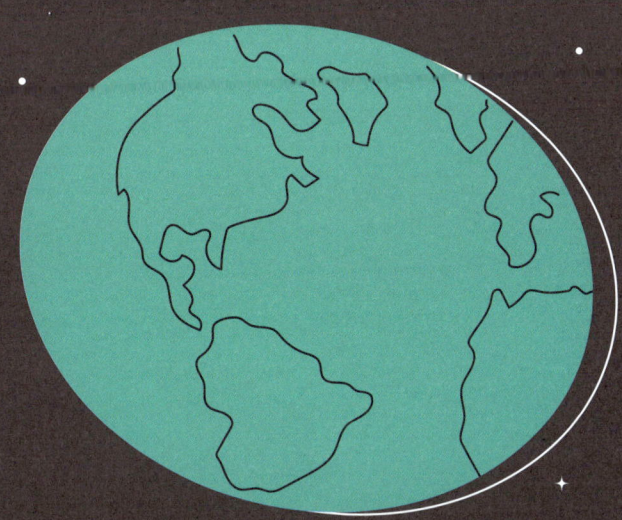

지구와 피자의 차이점

여러분은 피자 도우 만드는 모습을 본 적이 있나요? 반죽을 빙글빙글 돌리면 반죽의 운동량 때문에 도우가 점점 편평해지죠. 하지만 지구는 이 피자 반죽보다는 훨씬 단단한 데다 중력이 끌어당기는 힘도 훨씬 더 세죠(125쪽 참고). 그런 이유로 지구는 피자처럼 편평하게 펴지지 않는 거예요.

66 노래로 유리잔을 깰 수 있다고?

소리가 충분히 크고 제대로 된 주파수에 맞춰졌다면, 소리로 유리잔을 깰 수 있답니다. 오페라 가수들은 큰 소리로 노래를 부르는 훈련을 받았기 때문에 노랫소리로도 유리잔을 깰 수 있어요. 이들의 목소리가 가진 주파수(진동수)가 잔을 진동시키거든요. 소리가 점점 커질수록 유리잔은 더욱 많이 진동해서 결국 깨지고 말아요. (집에서는 이 실험을 하지 마세요!)

소리의 주파수(진동수)

소리의 주파수는 높낮이로 측정해요. 비명을 꽥 지르는 높은 소리는 주파수가 높죠. 반면에 우르릉대는 낮은 천둥소리는 주파수가 낮아요. 주파수는 헤르츠(Hz)라는 단위로 측정해요.

소리의 크기

소리의 크기를 재는 단위는 데시벨(dB)이에요. 보통의 말소리는 약 50데시벨이죠. 시끄러운 잔디 깎는 기계는 약 100데시벨이고요. 100데시벨 정도의 소리면 유리를 깰 수 있어요. 그래도 다행히 잔디를 깎는다고 해서 창문 유리가 깨지는 일은 없죠. 창문 유리는 틀로 고정되어 있어서 소리의 진동을 약하게 만들기 때문이에요.

소리의 공명

유리에는 자연적인 공명(진동하는 물체의 진폭이 급격하게 늘어나는 현상)이 있어요. 유리의 공명은 유리가 진동하기 시작하는 주파수에서 일어납니다. 유리의 모양이나 구조에 따라 이 공명 주파수에는 조금씩 차이가 있답니다. 유리잔의 가장자리를 가볍게 튕기면 공명 주파수에서 '챙' 소리가 나요. 딱 이 주파수를 가진 소리가 들리면 유리잔은 크게 진동해요. 그러다 그 소리가 너무 커지면 결국 산산조각이 나죠.

67 햇빛이 우주선을 민다고?

'태양광 돛'이 설치된 작은 우주 비행선은 광자에 의해 우주 공간을 날아요.
광자란 태양에서 나오는 빛 에너지의 작은 덩어리죠.

밀어내기

광자에는 질량이 전혀 없지만, 그 움직임 때문에 가속도가 생겨요. 광자가 태양광 돛의 표면을 때리면 광자는 돛에 자신의 가속도를 전달하고, 그러면서 우주 비행선을 조금씩 앞으로 나아가게 하죠. 만약 광자가 많다면 그 작은 가속도가 모여서 꽤 거세게 밀어붙이는 힘을 낼 수 있어요.

우주에서 비행선은 어떻게 움직일까?

우주 공간에서 어떤 물체가 움직일 때는 저항이 발생하지 않죠. 지구라면 공기 저항이나 지면과의 마찰 때문에 물체의 움직임이 점점 느려지겠지만 우주에는 이런 장애물이 없어서 물체의 운동이 계속 이어져요. 그러니 더 많은 광자가 돛을 때릴수록 우주 비행선은 점점 더 빨라지는 거예요.

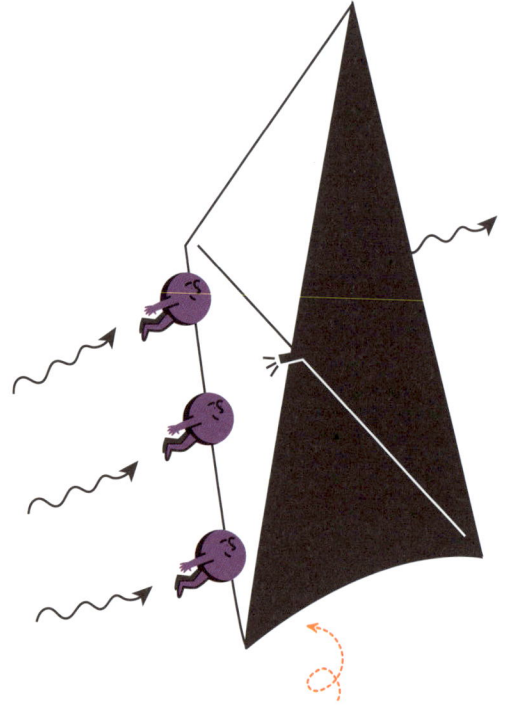

우주 비행선 라이트세일 2호에는 태양광 돛이 4개 달려 있어요. 이 돛은 두께가 4.5미크론(0.001mm)이고 총면적은 32m² 죠.

68 햇빛 속에 있을 때 몸무게가 더 나간다

여러분이 햇빛 아래 서 있으면 그늘이나 어둠 속에 있을 때보다 태양에서 온 광자가 몸에 더 많이 부딪쳐요. 광자 자체가 여러분의 몸에 질량을 더하지는 않지만, 그 운동량이 여러분을 지구 쪽으로 밀어붙이기 때문에 몸무게는 늘어날 수 있죠. 무게란 질량을 가진 어떤 물체에 작용하는 중력의 힘이니까요. 광자가 중력이 효과를 커지게 하죠.

무거워지는 도시

미국의 도시 시카고는 흐린 날보다 쨍쨍한 날에 140kg 정도 더 무거워진다고 해요. 그 많은 광자가 이 도시를 아래로 밀어붙이기 때문이랍니다!

69 오렌지색이거나 붉은색이었던 한때의 우주

밤하늘을 보면 대부분 까만색이지만 가끔 빛나는 점이 몇 개 보이죠. 바로 별이나 행성들이에요. 하지만 지금으로부터 137억 년 전에는 하늘이 오렌지색으로 보였을 거예요.

최초의 빛

우주는 지금으로부터 약 138억 년 전 '빅뱅'에서 시작되었어요. 이때 아무것도 없던 곳에서 물질과 에너지가 터져 나왔죠. 처음에는 아무것도 존재하지 않았지만 이후 37만 8,000년이 지나면서 우주의 상태가 바뀌었고, 수소 원자핵(수소 원자의 한가운데 부분)이 전자를 끌어당겨 수소 원자가 되었어요. 이 원자들이 안정화되자 원자는 광자를 방출했죠. 이 작은 빛의 꾸러미가 우주 전체로 흐르기 시작했어요.

광자라는 형태 속에서 에너지는 파장을 가져요. 파장이란 어떤 에너지 파동의 맨 꼭대기 봉우리에서 그다음 파동의 봉우리까지의 거리를 말하죠. 과학자들에 따르면 이렇게 터져 나온 빛의 파장이 오렌지색이나 붉은색에 해당하기 때문에, 당시 우주의 배경색은 검은색이 아닌 오렌지색이었을 것으로 예상된답니다.

점점 약해지는 광자

비록 우주가 처음 시작되던 시점에 방출된 광자들이 여전히 돌아다니는 중이긴 하지만 어느 정도는 힘이 빠져 있어요. 여러분이 최고 속도로 계속해서 지치지 않고 달릴 수 없듯이, 수십억 년이 흐르고 나면 아무리 광자라 해도 에너지가 점점 떨어지죠. 그렇다고 속도가 느려지지는 않지만 같은 거리를 가는 동안 위아래로 진동하는 파동의 수가 줄어들어요. 그 결과 빛의 파동 대신 복사로 에너지가 방출되는데 이것이 전파예요. 전파 망원경으로 이 전파를 감지하거나, 라디오 주파수와 주파수 사이의 '백색 소음'을 통해 들을 수 있답니다.

70 강철 공이 바다 밑바닥에 닿는 데 걸리는 시간

바다의 가장 깊은 곳에 무거운 강철공을 떨어뜨리면 바닥에 닿기까지 1시간 정도 걸릴 거예요. 하지만 공중에서 같은 거리를 떨어뜨린다면 몇 초 만에 지면에 떨어지죠. 그건 물이 공기보다 밀도가 높을 뿐 아니라, 바다에서는 깊이 들어갈수록 물의 밀도가 더 높아지기 때문이랍니다.

비누를 떨어뜨리면…

욕조에 비누를 떨어뜨리거나 수영장에 어떤 물체를 떨어뜨려 보면 공중에서 떨어뜨렸을 때보다 더 천천히 떨어진다는 사실을 눈치채게 될 거예요. 공기는 기체인데다 그 속의 분자는 물과 비교하면 훨씬 더 서로 멀리 떨어져 있어요. 보통의 실내 온도와 압력에서는, 같은 물체를 공기 중에서 떨어트리건 진공 상태(공기를 포함해 아무것도 없는 공간)에서 떨어트리건 거의 비슷한 속도로 떨어지죠. 하지만 물속은 같은 부피 안에 더 많은 분자가 들어 있어요. 그래서 뭔가가 떨어질 때 방해하는 것도 많아 속도가 느려지죠.

더 낮은 압력

물속 더 깊이 내려감

더 높은 압력

압력이 커지면…

바다의 가장 깊은 곳에서는, 위에서 내리누르는 압력이 엄청나요. 그래서 분자들이 서로 가깝게 뭉치죠. 그 말은 여러분이 이런 물속에 무언가를 떨어뜨리면 그 무언가는 바다 밑바닥에 다다를 때까지 분자들을 힘들게 헤쳐 나가야 한다는 뜻이에요. 무거운 덩어리라면 가라앉으면서 그 아래의 물을 짓누르며 내려가야 할 테니 가라앉기까지 더 오래 걸리겠죠.

71 태양의 무게가 점점 줄어들고 있다고?

진짜로 태양의 질량은 작아지는 중이에요. 태양은 핵에서 수소 원자핵을 융합해 또 다른 기체인 헬륨의 원자핵을 만드는 과정에서 빛을 내죠. 그런데 이 헬륨 원자핵은 그 재료인 수소 원자핵들의 합보다 질량이 살짝 작답니다. 그로 인해 태양은 점점 가벼워지고 있어요.

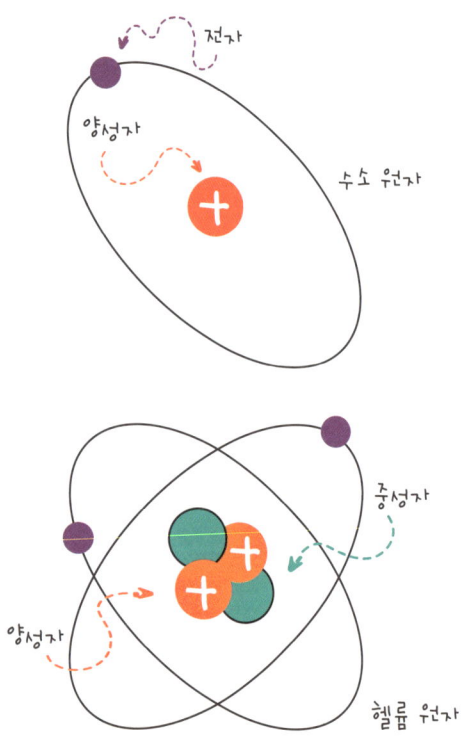

수소의 융합

수소 원자핵은 단 하나의 양성자만 가졌어요. 반면에 헬륨 원자핵은 2개의 양성자와 2개의 중성자를 가졌죠. 이렇게 핵 속에 입자 4개를 갖기 위해서는 수소 원자핵 4개가 융합되어야 해요. 양성자 2개가 중성자 2개로 바뀌어야 하죠. 이때 하나의 양성자는 중성자로 바뀌는 과정에서 양전자라는 작은 입자를 잃어요.

질량을 잃어버리는 헬륨

헬륨 원자핵의 질량은 수소 원자핵 4개의 질량을 합친 질량의 99.3%예요. 나머지 0.7%는 열이나 빛 또는 다른 형태의 전자기 복사라는 에너지의 형태로 잃어버리죠. 이런 식으로 지금껏 45억 년 넘게 지나는 동안 태양은 지구 95개에 해당하는 질량을 잃었답니다.

72 달에 가면 몸무게가 덜 나간다

질량은 어떤 물질이나 재료의 양을 나타내는 반면, 무게는 그 물체의 질량에 작용하는 중력의 힘을 나타내죠. 달은 지구보다 질량이 작아요. 그래서 중력도 더 작아서 지구와 비교하면 여러분을 끌어당기는 힘이 더 약하죠. 그러니 여러분은 지구에 있을 때보다 달에 있을 때 몸무게가 덜 나가게 돼요. 그렇지만 여러분의 질량은 예전 그대로랍니다(여러분이 달에 갔다고 해서 여러분을 구성하는 물질이 줄어들지는 않죠). 하지만 달의 중력은 지구의 중력에 비해 여러분을 단단히 끌어당겨 붙드는 힘이 작아요. 그 결과 달에서는 아주 살짝만 뛰어올라도 정말 높이 뛰어오를 수 있답니다.

73 허리케인의 한가운데는 고요하다고?

허리케인은 빙글빙글 돌아가며 거세게 부는 바람이에요. 건물을 파괴할 만큼 강력하죠. 그런데 신기하게도 '눈'이라고 불리는 허리케인의 한가운데는 바람이 느껴지지 않을 만큼 조용하답니다. 그렇지만 여러분은 이곳에 오래 머물지는 못해요. 허리케인이라는 폭풍 전체가 이동하기 때문이죠.

위아래로 그리고 빙글빙글 도는 허리케인

허리케인은 바닷물 표면 근처에서 따뜻한 공기가 위로 올라갈 때 바다 위쪽에서 형성돼요. 따뜻한 공기는 차가운 공기에 비해 밀도가 낮으므로 위로 올라가죠. 그리고 이 따뜻한 공기는 바다에서 증발한 수증기를 함께 위쪽으로 실어 날라요. 이 따뜻한 공기가 위로 올라가면 그 사이에 틈새가 생겨, 보다 차가운 공기가 틈을 메우려 달려들죠. 그러면 차가웠던 이 새로운 공기도 따뜻해지고 습도가 높아지며 위로 올라가요.

위로 올라가면 기온이 낮아지기 때문에 공기가 머금은 수증기는 작은 물방울이 되어 구름을 만들죠. 구름은 거대한 기둥처럼 쌓이고 바람이 그 주변을 휘돌며 불기 시작해요. 그리고 바람은 구름을 둥그런 원형으로 모으는데 이때 한가운데에 빈 곳이 생기죠. 이 공간을 폭풍의 눈이라고 해요.

알고 있나요?

허리케인은 폭이 최대 1,600km, 높이가 16km까지 커질 수 있답니다! 이런 허리케인에서도 폭풍의 눈은 폭이 30~65km밖에 되지 않아요.

폭풍의 눈에서 일어나는 일

폭풍 주변에서 따뜻한 공기가 위로 올라가면 위쪽의 차가운 공기는 가장자리로 밀려나요. 이 차가운 공기는 바다 수면을 향해 내려가 다시 따뜻해지고요. 그런데 이때 폭풍 한가운데로는 공기가 미치지 못하고 원래 있던 공기마저도 빠져나가 약한 하강 기류가 발생해요. 그 결과 허리케인 한가운데는 고요해요. 구름이 모여들지도 않고 바람이 거세게 불지도 않는답니다.

74 티스푼만 한 중성자별의 무게가 에베레스트산과 맞먹는다고?

중성자별은 스스로 붕괴한 별의 잔해예요. 블랙홀을 제외하면 중성자별은 우주 전체에서 가장 무거운 천체예요. 아주 작은 공간에 아주 커다란 질량을 품고 있죠. 티스푼 정도의 크기에 약 10억 톤의 물질이 들어 있을 정도예요!

죽어 가는 별들

중성자별은 태양보다 훨씬 큰 별이 생애 주기를 마치고 붕괴하는 과정에서 만들어져요. 초신성(12쪽 참고)이 폭발하면서 남겨진 중심부이죠. 붕괴하기 전의 별의 질량은 태양의 10배에서 25배는 돼요. 그런데 폭발 이후에 남은 중성자별의 질량은 태양의 1.4배 정도밖에 되지 않죠. 하지만 이 질량은 고작 폭 10km의 구체에 압축된 거라 밀도가 엄청나게 높답니다(나머지 질량은 폭발 과정에서 우주 공간에 흩어졌죠). 이런 식의 압축이 가능했던 건 원자 사이의 공간을 거의 전부 없애듯이 꽉꽉 눌렀기 때문이에요.

중성자별에 가면 생기는 일

질량이 큰 물체는 중력이 아주 크기 때문에, 중성자별에서는 중력이 엄청나요. 우리가 지구에서 느끼는 중력의 2,000억 배나 된답니다. 여러분이 만약 중성자별에 착륙해 발을 딛게 된다면(실제로 그럴 순 없지만) 중성자별 한가운데로 끌어당기는 엄청난 중력에 이끌려 여러분의 몸이 완전히 납작해질 거예요. 그리고 중력은 중성자별 표면의 모든 곳을 똑같이 끌어당기기 때문에(그래서 행성들은 거의 구체이죠) 여러분은 원래 몸 그대로의 모습을 유지하지 못할 거예요.

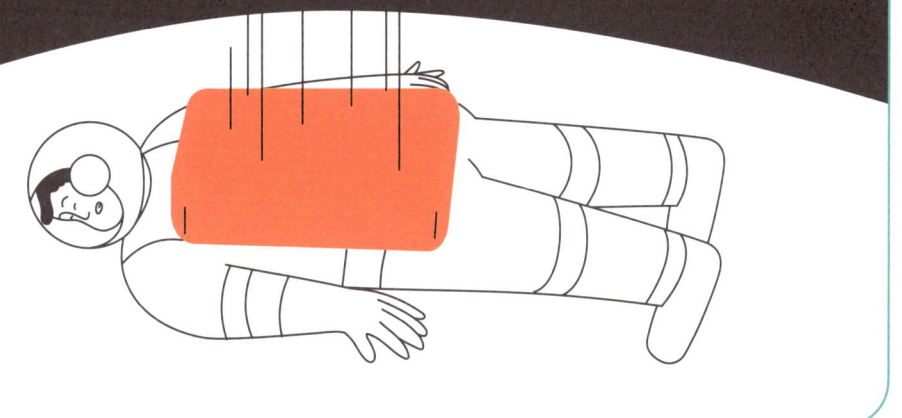

75 태양계에 숨겨진 행성이 더 있을지도 모른다고?

나사(NASA)의 과학자들은 태양계의 가장자리 근처에 아직 밝혀지지 않은 새로운 행성이 있을 거라고 여기고 찾는 중이에요. 그 이유는 이 구역의 천체들이 조금 이상하게 행동하기 때문이죠.

쉿, 과학자들이 날 찾을 수 있나 한번 보자!

이상한 천체 띠

카이퍼 띠(36쪽 참고)는 행성으로 보기에는 너무 작은 단단한 암석 천체들이 모여 넓은 띠를 이루는 구역이에요. 이 천체들 중에는 명왕성도 포함되죠. 이들 가운데 몇몇은 천문학자들이 예상할 수 있는 방식이 아닌 별난 방식으로 태양 주변을 공전해요. 이렇듯 이상한 궤도를 따르는 이유는 아마도 보이지 않는 아주 거대한 천체(예를 들어 커다란 행성)에게 이끌려 원래 궤도에서 벗어나고 있기 때문인지도 몰라요.

새로운 행성을 찾아서

'제9의 행성'이라 불리는 이 행성을 본 사람은 아직 아무도 없어요. 하지만 천문학자들이 매우 성능 좋은 망원경을 사용하면 이 행성이 지나는 궤도를 찾을 수 있을지도 몰라요. 이 행성은 태양으로부터 아주 멀리 떨어져 있어서 태양 빛을 아주 적게 반사하는 만큼 발견하기가 굉장히 어려울 것으로 예상돼요. 존재한다면야 언젠가는 꼬리가 잡히겠지만요!

새로운 행성의 특징

제9의 행성이 자기만의 공전 궤도를 가지려면 크기가 해왕성이나 천왕성 정도는 돼야 해요. 해왕성에 비해 태양보다 20배 더 멀리 떨어져 있어서 태양을 한 바퀴 도는 '1년'이 1만 년에서 2만 년은 될 거고요. 그 말은 이 행성이 현재 위치에 있었던 마지막 시점이 인류가 막 농경을 시작했거나 여전히 동굴에 살았을 때라는 뜻이랍니다. 이 행성에 있다가는 생일을 맞기까지 정말 오래 걸리겠어요!

용어 풀이

1조: 100만의 100만 배인 숫자 (0이 12개 붙은)

가시광선 스펙트럼: 붉은색에서 보라색까지 무지개처럼 펼쳐지는 가시광선의 전체 스펙트럼

결정: 원자나 분자가 반복되는 패턴으로 정렬되는 특별한 고체의 한 유형

고체: 크기와 모양을 일정하게 유지하는 물질

공기 저항: 공기를 헤치고 이동하는 물체의 움직임을 느리게 하는 마찰의 한 종류

공전 궤도: 중력의 효과에 따라 우주 공간에서 어떤 천체가 다른 천체의 주변을 도는 정해진 경로

관성: 어떤 힘이 자기를 바꾸지 않는 한, 기존의 상태 그대로 존재하려는 물질의 특성

광년: 빛이 1년 동안 지나는 거리고 약 9.5조 킬로미터임

광자: 빛 에너지를 이루는 가장 작은 꾸러미

구체: 공처럼 생긴 물체

균류: 효모나 버섯을 포함하는 작은 유기체들

기체: 공기와 비슷하며 정해진 모양이 없는 물질

나침반: 방향을 찾는 데 쓰이는 도구. 언제나 북쪽을 가리키는 자석침으로 이루어져 있음

대기: 행성이나 별, 다른 천체들의 중력에 의해 그 주위를 계속 둘러싸는 기체층

데시벨: 소리의 크기를 재는 단위

도체: 전기나 열이 흐르는 물체

동결: 온도가 떨어지면서 액체가 고체로 변하는 현상

동일한: 완전히 똑같은

마이크로파: 가시광선보다 파장이 짧은 전자기 복사

마찰: 어떤 물체의 움직임을 늦추는 힘

망원경: 우주 공간에서 빛이나 복사선을 모아 이미지를 만들어 내는 도구

밀도: 어떤 물질의 특정 부피에 대한 질량

반구: 어떤 구체의 절반. 지구에 대해 말할 때는 적도를 중심으로 북반구와 남반구로 나뉘거나 남극과 북극을 지나는 가상의 선을 중심으로 서반구와 동반구로 나뉨

방사능: 원자를 변화시키며 에너지의 파동이나 입자를 방출하는 과정

복사: 빛이나 파동의 형태로 이동하는 에너지의 한 형태. 공간을 통해 이동할 수 있음

부력: 어떤 물체를 물 위에 둥둥 뜨게 하는 힘

부피: 어떤 물질이나 물체가 차지하는 공간, 혹은 어떤 용기 안의 공간

분자: 여전히 어떤 물질처럼 행동하는 그 물질의 가장 작은 단위. 하나의 분자는 둘 이상의 원자로 이루어져 있음

블랙홀: 보통 커다란 별의 중심부가 붕괴하는 과정에서 생겨난 밀도가 매우 높은 지점. 블랙홀의 중력은 무척 강력해서 빛조차 빠져나올 수 없음

비율 측정: 두 개의 양을 서로 비교하는 방식

빅뱅: 우주가 시작할 때 모든 물질과 에너지가 작고 뜨거우며 밀도가 높은 점에 잠깐 뭉쳐졌다가 폭발하게 된 사건

산: 물에 녹으며 신맛이 나는 화합물

산소: 생명체가 살아가는 데 필수적인 기체

소행성: 태양계가 태어날 때부터 존재했던 물질의 잔해로 이루어진 작은 암석 천체

수소: 기체이며 화학 원소 가운데 가장 가벼운 원소

수증기: 액체와 기체 상태 사이에 있으며 작은 물방울이 둥둥 뜬 채로 존재하는 액체

아크릴: 인공적인 직물

암흑 물질: 우주의 질량 대부분을 차지하며 눈에 보이지 않는 별난 물질

암흑 에너지: 은하를 서로 밀어내고 우주를 팽창시키는 역할을 한다고 여겨지는, 비밀에 싸인 에너지의 한 형태

압력: 어떤 물체나 물질이 서로 누르는 힘

액체: 물처럼 어떤 용기를 채우거나 표면을 덮으며 흐르는 물질

양성자: 원자 한가운데에 있는 양으로 전기를 띤 작은 입자

양전자: 전자와 동등하지만 대신 양의 전하를 가진 작은 입자

에너지: 어떤 일을 해내는 힘

영역: 2차원 도형 내부의 공간

온도: 열을 측정하는 단위

왜소 행성: 어떤 별의 주변을 돌지만, 행성으로 분류될 만한 조건을 만족시키지 못하는 천체

운동 에너지: 움직이는 어떤 물체가 갖는 에너지

원소: 더 단순한 화학 물질로 쪼개지지 않는 118개의 화학 물질

원자: 화학 원소를 이루는 가장 작은 입자

위치 에너지: 뜨거운 물속의 열이나 팽팽한 풍선의 긴장된 상태처럼 어떤 물체 속에 들어 있는 에너지

유기체: 살아 있는 생명체

은하: 별과 기체, 먼지, 엄청나게 많은 별에서 비롯한 여러 물질로 이루어진 시스템

은하수: 우리 태양계가 속한 은하. 우리 태양계는 은하 한가운데에서 거리가 약 2만 8,000광년임

응결: 기체나 수증기가 물이 되는 것

응고: 고체가 되는 과정

이동: 무언가의 위치를 옮기는 것

이산화 탄소: 살아 있는 생명체가 뿜어내는 기체 상태의 노폐물로, 탄소 원자 하나에 두 개의 산소 원자가 결합하여 있음

자석: 자기장을 형성하는 물질이나 물체

자석의 극: 자석의 끝부분으로 N극과 S극이 있으며, 자기력이 가장 강한 곳임

저항력: 기체나 액체를 따라 이동하는 어떤 물체의 움직임을 늦추는 힘

적도: 지구의 한가운데를 빙 두르는 가상의 선

적색 왜성: 표면이 붉은색으로 비교적 차가운 작고 희미한 별로, 질량이 태양의 절반에 못 미침

전기 통신: 전화, 라디오, 텔레비전, 인터넷처럼 먼 거리를 사이에 두고 작동하는 전자 통신

전류: 전기를 만들어 내는 전자의 흐름

전압: 회로를 따라 전기가 흐를 때의 '밀쳐짐'을 측정하는 단위. 전압이 높을수록 보다 많은 전기가 흐름

전자: 음의 전하를 띤 작은 입자. 원자의 가장 작은 구성 요소이며, 전자의 흐름은 전기를 만들어 냄

전자기 복사: 파동의 형태로 이동하는 에너지. 전자기 복사선의 종류를 쭉 늘어세우면 전파, 마이크로파, 가시광선, 엑스선, 감마선이 있음

전지의 극: 전지의 양 끝부분

절연: 전기나 열이 빠져나가지 않게 감싸는 것

정전기: 어떤 물체에 쌓인 채 당장 전류로 흐르지는 않는 전기

중력: 질량을 가진 물체들 사이에 작용하는 서로 잡아끄는 힘

중성자: 원자 한가운데에 있으며 전하를 갖지 않는 작은 입자

증발: 액체가 기체로 변하는 현상

지름: 원의 중심을 거치며 반으로 나누는 직선의 길이

지평선: 육지나 바다와 하늘이 만나는 선

진동: 작게 떨리는 운동

질량: 어떤 물체에 물질이 얼마나 포함되어 있는지를 재는 단위

천문학자: 우주와 그 안의 천체들에 관해 연구하는 사람

초신성 폭발: 태양보다 무거운 별들이 죽어가는 과정에서 발생하는 거대한 폭발

축: 회전하는 어떤 물체가 가진 가상의 중심선

카이퍼 띠: 해왕성의 공전 궤도 너머에 존재하는 암석과 얼음 덩어리가 벨트 같은 둥근 고리를 이루는 구역. 명왕성은 카이퍼 띠의 천체 가운데 가장 크다고 알려져 있음

태양계: 지구를 포함하는 8개의 행성과 그 행성의 위성들, 소행성 같은 여러 천체가 태양의 주변을 도는 전체 시스템

태양광 발전: 태양의 빛에서 에너지를 이끌어 내는 방식

파장: 한 파동의 봉우리와 다음 파동의 봉우리 사이의 거리

폭발: 화산에서 녹은 암석(용암)과 기체가 흘러나오는 것

핵: 양성자와 중성자로 이루어진 원자의 한가운데

행성: 어떤 별의 주변을 공전하며 질량과 중력이 충분하게 존재해 스스로 끌어당겨 구체를 유지하는 천체. 근처의 다른 천체를 밀어내며 자신의 공전 궤도를 유지함

헬륨: 기체이며, 모든 원소 가운데 두 번째로 가벼운 화학 원소

혜성: 태양계 가장자리에서 날아오는 암석과 얼음 덩어리 천체

화학 반응: 화학 결합이 깨지면서 둘 이상의 화학 물질이 서로 반응하는 일

회로: 전기가 흐르는 닫힌 고리

회전: 빙글빙글 도는 것

찾아보기

간단한 기계 41
갈릴레오 갈릴레이 66
감마선 39
감자 전지 16-17
개기일식 19
걷는 것 103
결정 34-35
경사면 41
계절 109
고체 27, 48, 55, 57, 78, 82
곡선 33, 44-45
공간(또는 우주) 22-23, 116
공기 부양선 104-105
공기 저항 67, 95
공룡 25, 30, 62-63, 71, 93
공명 113
관성 65
광년 9, 12, 25
광자 45, 69, 74, 114-117
광전지 74-75
구름(또는 먹구름) 6-7, 10-11, 35, 85, 123
구(체) 45, 111, 124
굴절 38
궤도(전자의) 29
궤도(행성의 혹은 공

전) 36-37, 126-127
그림자의 길이 14-15
금성 84-85, 97
기체 54-55, 84-85, 119-120
꽃가루 57
꿀 78-79
나무의 키 재기 14
나비 효과 99
나사 41
나사(NASA) 126
나침반 48
날씨 7, 10-11, 38-39, 98-99, 122-123
날씨 예보 98-99
남극(S극) 48, 81
남극 대륙 26, 32-33, 48-49, 109, 111
낮 14, 18-19, 85, 109
눈 7, 34-35
눈덩이 지구 82
달 18-19, 32-33, 42-43, 58-59, 66-67, 70, 84, 92-93, 100-101, 106, 109, 121
달 표면의 발자국 100-101
달의 뒷면 42-43
달의 위상 33
달의 자전축 32
데시벨 113

데이비드 스콧 66-67
도르래 41
도체 83, 91
두 점 사이의 거리 44-45
떨어지기 66-67
뜨기 6, 20-21, 27, 50, 54, 78, 80-82, 105
로버트 브라운 57
마그마 101
마이크로파 9, 12, 39
마찰(혹은 마찰력) 81, 95, 114
망원경 25, 63, 127
메아리 24
면적 36, 67, 114
명왕성 36, 126
몸 30-31
무게 50-51, 115, 120, 121
무지개 38-39
물 6-7, 20-21, 26-27, 38, 50-51, 55-57, 64-65, 78, 82-83, 118-119, 123
물 위에 뜨는 돌 20-21
물수제비 72-73
물질 88-89, 116, 124
물질의 상태 55
밀도 21, 27, 78, 82, 118-119, 123

바람 100, 122-123
반구 32-33, 108-109
반도체 74
반사 24, 58-59
받침점 40
밤 19
방사능 39
배(선박) 26-27
배수량 50-51
번개 10-11
베텔게우스 12-13
별 18-19, 25, 31, 62-63, 89, 96, 124-125
별의 폭발 12-13, 23
별의 형성 63
복사 9, 45, 69, 120
부력 50
부석 20-21
부피 21, 27, 50-51, 61, 119
북극 32-33, 48, 109, 111
분자 56-57, 61, 78, 85
블랙홀 76-77, 89, 124
비 7
비행기 86-87
비율 14
빅뱅 23, 30, 71, 116
빛 12, 24-25, 45, 58-59, 68-69, 74-76, 85, 96, 114-116, 127

빛의 속도 8-9
산 17
산소 28, 30, 85
색깔 38-39, 59, 96, 116
소닉붐 86-87
소리 22-24, 112-113
소리의 속도 86-87
소리의 크기 113
소행성 101
속도 66-67, 72, 95
수성 47, 84, 97
수소 12-13, 30-31, 54, 63, 68, 97, 116, 120
수증기 6, 55
숨겨진 행성 126-127
스티븐 그레이 90-91
스펙트럼 38-39, 59, 85, 96
슬링키 장난감 94-95
시카고 115
쐐기 41
아르키메데스 41
아크릴 90
안드로메다은하계 71
암석 101
암흑 물질 88-89
암흑 에너지 88-89
압력 13, 55, 57, 60-61, 86-87
액체 55

앨버트 아인슈타인 57
양극 17
양성자 29, 120
양전자 120
어니스트 섀클턴 26
얼어붙음 7, 26-27, 34, 82
얼음 26-27, 55, 82-83
에너지 68-69, 83, 88-89, 102-103, 116-117
에드워드 로렌츠 99
에베레스트산 107, 124
엑스선 39
엔셀라두스 59
열(기) 12, 45, 60-61, 68, 83, 102
온도 10, 27, 34, 50, 55, 60, 79, 83, 119
왜소 행성 36
용암 20
우주 비행사 43, 100
우주 비행선 42-43, 114
우주의 색 116-117
운동 에너지 94, 102
운동량(가속도) 111, 114-115
원소 28, 30, 39
원심력 65

원자 12, 22, 28-31, 53, 55, 57, 61, 63, 116, 120, 124
원자핵 28-29, 53, 116, 120
위치 에너지 94, 102
유리 112-113
유성(별똥별) 101
은하 70-71, 89
은하계 70, 71
은하년 70-71
음의 높이 112
응결 6
이산화탄소 85
인듀어런스호 26
일몰 107
자기부상열차 80-81
자기장 48-49, 80-81
자석 48-49, 80-81
자석의 극 48
자전 15, 32, 43, 109
자전거 타기 103
저항(항력) 67, 78, 105, 114
적도 33, 109, 111
적색 왜성 13
적외선 39, 45
전기 16-17, 74, 90-91
전기 에너지 102
전기통신 39
전기를 띰 10-11, 53,

74, 91
전류 16, 17, 80-81
전자 10-11, 17, 28-29, 53, 74, 91, 116
전자기복사 9, 120
전자석 80
전지 10, 16-17, 74, 102
전지의 극 10, 17
전파 9, 39
전해질 17
절연체 82-83, 91
점성 78-79
정전기 90-91
제9의 행성 127
중력 13, 37, 47, 55, 66, 73, 76-77, 95, 110-111, 115, 121, 125
중성자 29, 120
중성자별 124-125
증발 7, 123
지구 8-9, 15, 19, 20, 30, 42-45, 47-49, 52-53, 67, 70-71, 74, 82, 84-85, 92-93, 95, 97, 100-101, 106-107, 111, 114-115
지구에 사는 생명 82
지렛대 40-41
지름 36
지평선 106-107
진공 119

진동 22-24, 55, 112-113
진동수(소리의 주파수) 112-113
질량 89, 95, 110, 115, 120-121, 124-125
천둥 10, 11
천문학자 9, 96, 126-127
천왕성 127
철 48
초록색 태양 96
초신성 12, 23, 31, 63, 124
축(자전축) 19, 32, 43, 46-48, 108-109
축이 달린 바퀴 41
카오스 시스템 98-99
카이퍼띠 36, 126
크리스토퍼 코커럴 104
태양 8-9, 14-15, 18-19, 36-38, 47, 58-59, 68-69, 74-75, 97, 107-109, 114-115, 120, 124, 126-127
태양계 25, 63, 70, 126
태양의 나이 13, 70-71
태양풍 49
텔레비전 9, 39
토성 54-55, 59
퇴비 더미 68

튀어 오르는 폭탄 73
파장 96, 116
파충류 75
폭발 20-21, 101
폭풍 99
폭풍의 눈 122-123
푸른색빛 85
풍선 60-61, 90-91
하늘 14, 84-85
해왕성 46-47, 127
핵융합 12, 63
행성 36-37, 46-47, 54-55, 58, 70, 84, 92, 125-127
허리케인 122-123
헤르츠 112
헬륨 12, 31, 54, 63, 68, 120
현미경 56-57
혜성 70
화산활동 20-21, 101
화성 49, 84-85
화학반응 17, 68
화학 에너지 102
회로 10, 16-17
회전 72
흡수선 51
흡수 59
흰색빛 38-39, 96

Copyright © Arcturus Holdings Limited
www.arcturuspublishing.com
All rights reserved.

This edition published by arrangement with Icarias Agency, Seoul
© 2024 Greenbook Publishing Co. for the Korean edition

이 책의 한국어판 저작권은 Icarias Agency를 통해 Arcturus Holdings Limited와
독점 계약한 도서출판 그린북에 있습니다. 저작권법에 의하여 한국 내에서
보호를 받는 저작물이므로 무단전재와 복제를 금합니다.